# Una vida
# RECOMPENSADA
# por DIOS

*Por qué todo lo que usted haga hoy
tiene importancia eterna*

# BRUCE WILKINSON
## CON LA AYUDA DE DAVID KOPP

Publicado por
**Editorial Unilit**
Miami, Fl. 33172
Derechos reservados
© 2002 Editorial Unilit (Spanish translation)
Primera edición 2002

© 2002 by Exponential, Inc. (© 2002 por Exponential, Inc.)
Originally published in English under the title: *A Life God Rewards*
Published by Multnomah Publishers, Inc.
204 W. Adams Avenue, P. O. Box 1720, Sisters, Oregon 97759, USA.
All rights reserved.
Originalmente publicado en inglés con el título: *A Life God Rewards* por
Multnomah Publishers, Inc., Sisters, Oregon 97759 USA

Todos los derechos de publicación con excepción del idioma inglés son
contratados exclusivamente por
GLINT, P. O. Box 4060, Ontario, California 91761-1003, USA.
(All non-English rights are contracted through Gospel Literature International,
P O BOX 4060, Ontario, CA 91761-1003, USA.)

*The Weight of Glory* by C.S. Lewis
© C.S. Lewis Pte. Ltd. 1949. Extract reprinted by permission.
(Cita de C.S. Lewis tomada de *The Weight of Glory*, por C.S. Lewis, derechos
de autor © C.S. Lewis Pte. Ltd. 1949. Extracto reimpreso con autorización.)

Charles Stanley quote reprinted by permission of Thomas Nelson Publishers
from the book entitled *Eternal Security* © 1990 by Charles Stanley.
(Cita de Charles Stanley reimpresa con autorización de Thomas Nelson
Publishers, y tomada del libro *Eternal Security* © 1990 por Charles Stanley.)

Ninguna parte de esta publicación podrá ser reproducida, procesada en algún
sistema que la pueda reproducir, o transmitida en alguna forma o por algún
medio electrónico, mecánico, fotocopia, cinta magnetofónica u otro excepto
para breves citas en reseñas, sin el permiso previo de los editores.

Traducido al español por: Andrés Carrodeguas
Diseño de la cubierta por: David Carlson Design

Citas bíblicas tomadas de la Santa Biblia, revisión 1960
© Sociedades Bíblicas Unidas.
Usada con permiso.

Producto 497818
ISBN 0-7899-1055-1
Impreso en Colombia
*Printed in Colombia*

# CONTENIDO

*Reconocimiento* . . . . . . . . . . . . . . . . . . . 4

*Prefacio* . . . . . . . . . . . . . . . . . . . . . . . 5

1. Una mirada a las estrellas . . . . . . . . . . . 7
2. El enlace indestructible . . . . . . . . . . . 19
3. Lo que dice la Biblia de las recompensas. . . 33
4. Aquel día . . . . . . . . . . . . . . . . . . . 48
5. La pregunta de su vida . . . . . . . . . . . . 65
6. El Dios que devuelve . . . . . . . . . . . . . 83
7. La primera llave . . . . . . . . . . . . . . . 99
8. Llegar a ver la eternidad . . . . . . . . . . 116

   *Los líderes cristianos*
   *y las recompensas eternas* . . . . . . . . . 130

   *Notas* . . . . . . . . . . . . . . . . . . . . 136

*Para los que tal vez se estén preguntando hoy si
Dios se da cuenta de algo, o si le importa.*

*Quiero expresar un agradecimiento especial
a Don Jacobson por su dedicación personal
a este proyecto desde el comienzo.
Mi agradecimiento también a todo
el equipo de Multnomah, en especial a
Jennifer Gott, Steffany Woolsey, Bill Jensen
y Guy Coleman, por su destacado apoyo.
Y como siempre, a mi compañero escritor,
David Kopp, y a nuestra editora,
Heather Harpman Kopp, mi aprecio
y mi respeto más profundos.*

# PREFACIO

Estimado lector:

Está a punto de tener un encuentro con las enseñanzas de Jesús sobre un tema muy sorprendente: la conexión directa entre lo que hacemos hoy y lo que experimentaremos en la eternidad.

Jesús reveló que hay dos verdades que determinan nuestra experiencia eterna. Considérelas como llaves. La primera llave es la fe: lo que usted crea determina su destino eterno.

Ahora bien, ¿cuál es la segunda llave? ¿Cuál es el tesoro divino que abre? Además, ¿por qué habló Jesús tanto de ella?

Ese es el tema de este libro.

En todo el mundo y en todas las religiones se reconoce a Jesús como un gran maestro. No obstante, hoy son millones las personas, entre ellas la mayoría de sus seguidores, que no parecen haber oído lo que Él dijo acerca de una vida que Dios recompensa. ¿Lo ha oído usted?

*Una vida recompensada por Dios*

El mensaje de este librito tiene potencial suficiente para transformar lo que usted espera de Dios y lo que va a desear ardientemente hacer por Él, a partir de hoy mismo. Espero que lo lea en un ambiente de oración y de expectación.

Afectuosamente,
*Bruce Wilkinson*

# 1

# Una mirada a las estrellas

*Gozaos en aquel día, y alegraos, porque he aquí vuestro galardón es grande en los cielos.*
Jesús, en Lucas 6:23

¿Y si hoy *fuera* realmente el primer día del resto de su vida? Hoy es cuando usted hace su intercambio: todo cuanto ha logrado y ha llegado a ser, por cuanto Dios tenga para ofrecerle. Aquí esta usted, en el mismo borde, pero sereno, con toda su vida en la mano, listo para entrar a la eternidad.

¿Qué momento! Y qué intercambio tan asombroso. Su guiño bajo el sol por el día interminable de

*Nadie hizo unas afirmaciones más asombrosas acerca de la otra vida, que Jesús.*

Dios. Su cucharada de agua, por el río Amazonas que Él le da.

Usted da el paso. Deja en el suelo su pequeño manojo de tiempo para recoger su vida para siempre...

¿Y si yo le dijera que las pequeñas decisiones que usted tome hoy —como su forma de relacionarse con su jefe, o a quién invita a cenar— podría cambiar lo que suceda después?

¿Se sorprendería?

En el librito que está leyendo, va a descubrir que Jesús reveló que nuestras acciones de ahora afectarán a nuestro futuro para siempre. Lo asombroso es que hay millones de seguidores de Jesús que no parecen haberse dado cuenta de lo que dijo.

¿No será usted uno de ellos?

Yo lo fui. Crecí en una familia que tenía la costumbre de asistir a la iglesia, y me enseñaron Biblia desde muy temprana edad. Más tarde, pasé nueve años recibiendo adiestramiento teológico. Sin embargo, las claras enseñanzas de Jesús sobre este tema seguían en la oscuridad para mí, como si fueran tesoros que estuvieran en mi propia casa y hubiera pasado por alto. Cuando por fin las descubrí, muchas cosas comenzaron a tener sentido por vez primera.

Admitámoslo: Todo cambio en nuestra forma de pensar acerca de nuestro futuro, aunque es algo que pudiera mejorar radicalmente nuestras esperanzas, necesita valor. Luchamos para soltar las suposiciones cómodas, aun cuando estén impidiendo que veamos toda la verdad. Somos como niños pequeños mirando por el hueco de una cerradura hacia el cielo nocturno, tratando de aferrarnos a nuestro pequeño montón de estrellas.

Pero el hueco de la cerradura es muy pequeño, y lo que vemos es muy grande. Jesús quiere abrir la puerta para mostrarnos más.

Mucho más.

## Prepárese para asombrarse

Nadie hizo unas afirmaciones más sorprendentes sobre la otra vida, que Jesús de Nazaret. Con frecuencia, sus enseñanzas dejaban a sus oyentes asombrados, pasmados e incluso enojados. Veamos su primera aparición pública a los doce años:

«Y todos los que le oían, se maravillaban de su inteligencia y de sus respuestas» (Lucas 2:47).

Cuando Jesús comenzó formalmente su ministerio, sus oyentes «se admiraron» de nuevo (Mateo 7:28). En su enseñanza conocida como el Sermón del Monte, dijo:

> *Bienaventurados seréis cuando*
> *los hombres os aborrezcan,*
> *y cuando os aparten de sí, y os vituperen,*
> *y desechen vuestro nombre como malo,*
> *por causa del Hijo del Hombre.*
> *Gozaos en aquel día, y alegraos.*
>
> LUCAS 6:22-23

Es posible que usted conozca bien estos versículos. Tengo que confesar que los leí docenas, tal vez veintenas de veces, antes de leerlos *realmente*. Lo que Jesús afirma parece increíble, ¿no es cierto? Yo solía pensar que estaba diciendo algo como: «Si los persiguen por mi causa, van a estar tan felices, que van a saltar de puro gozo».

Pero si sigue leyendo, se ve con claridad que no es eso lo que quiso decir Jesús. Esto es lo que dijo a continuación:

*Una mirada a las estrellas*

*Porque he aquí vuestro galardón es grande en los cielos.*

v. 23

En estas diez palabras, Jesús revela la razón por la que usted y yo nos podemos regocijar, aun en las peores circunstancias. ¿Por qué? Porque hay una conexión directa entre algo que usted haga por Él en la tierra, y algo «grande» que Él va a hacer por usted en el cielo.

Observe que Jesús lo describe como recompensa por *hacer*, lo cual lo debería distinguir, por ejemplo, de un regalo que usted recibe por *creer*. Además, el galardón es específica y personalmente para usted, si se comporta de una forma, pero no lo va a recibir si se comporta de otra (por ejemplo, si huyó bajo la presión de la persecución).

Verá. Jesús *no* nos está pidiendo a usted y a mí que disfrutemos por Él del sufrimiento. Lo que nos está diciendo es que las consecuencias que tendrán en el cielo ciertas acciones de la tierra va a ser tan maravillosa, que solo saber que vendrán —y saber lo excelentes que serán— puede transformar nuestra forma de vivir ahora. Sí, e incluso crear unas explosiones espontáneas de regocijo.

Esta promesa de una recompensa en el cielo no es un ejemplo aislado de las enseñanzas de Jesús sobre el tema:

- «Y entonces *pagará* a cada uno conforme a sus obras» (Mateo 16:27).
- «Y tendrás *tesoro* en el cielo» (Mateo 19:21).
- «Y serás bienaventurado; porque... te será *recompensado* en la resurrección de los justos» (Lucas 14:14).

Como descubrirá de inmediato, lo que implican estos pasajes es enorme. Por una parte, sugieren que Dios está tomando nota de lo que usted hace para Él todos los días. Por otra, que tiene más que ganar de lo que se imaginaba, cuando le sirve a Él.

## En busca de la promesa

Le voy a decir cómo llegué a escribir este libro. En 1985, cuando tropecé por vez primera con las enseñanzas de Jesús sobre la recompensa en los cielos, quedé perplejo. Lo que Él estaba diciendo parecía contradecir mucho de lo que siempre me habían enseñado y había creído.

Entonces comencé una búsqueda intensiva de la verdad, a partir de cuanto versículo bíblico hablara del tema de la recompensa eterna. Estudié obras teológicas y eruditas. Pasé horas pensando en lo que Jesús parecía estar diciendo con tanta urgencia. Y me convencí de que los que andan en una búsqueda espiritual en el mundo entero, incluyendo entre ellos millones de seguidores de Jesús, habían extraviado una verdad de gran importancia y promesa, y era hora de recuperarla.

Cinco años de profundo estudio y doce gruesas carpetas más tarde, mis hallazgos llenaban los anaqueles de mi estudio.

Un día recibí una llamada del doctor Earl Radmacher, presidente del Seminario Western, en Oregón, quien me invitó a presentar mi material en un curso posgraduado de una semana en el seminario. Acepté, pero solo después de que él me prometió reunir un panel de eruditos distinguidos, en el que estuvieran incluidos algunos que también hubieran estado estudiando el tema de las recompensas, para que oyeran las clases y evaluaran cada una de mis palabras.

Varios meses después, en una mañana de abril, atravesé el recinto del seminario, cargado con mis materiales de enseñanza, llegué al salón de conferencias, donde se hallaban algunas de las personas más brillantes que yo hubiera conocido jamás: los directores de los departamentos de griego y hebreo, historiadores de la Iglesia, maestros de Biblia, seminaristas y pastores de diversas denominaciones.

Di mis clases todas las mañanas durante cuatro horas. Cada tarde, un grupo especial de expertos se reunía en el hogar del doctor Radmacher y debatía punto por punto.

*Lo que afirmaba Jesús parecía contradecir mucho de lo que yo siempre había creído.*

Un día, un historiador de la Iglesia procedente de Rumania nos aseguró que lo que estábamos estudiando no era una teología nueva; había formado parte de las creencias y enseñanzas cristianas desde el siglo primero. Para apoyar su afirmación nos preguntó: «¿Qué tienen en común los grandes personajes de la historia de la Iglesia, como Agustín, Lutero, Calvino, Wesley y Spurgeon?»

Cuando todos los demás vacilaron en responder, él nos dio su respuesta: «Todos ellos creían fervientemente en las recompensas eternas y tenían la esperanza de recibirlas».

*Construiremos cuidadosamente la visión más grande y verdadera posible sobre toda su vida.*

Hacia el final de la semana, observé un cambio. Aquella habitación repleta de expertos estaba pasando menos tiempo debatiendo y más tiempo respondiendo de forma personal al material. Una tarde, uno de los participantes de más edad me tomó y me llevó a un lado. «Yo creía que Dios me había traído aquí para aprender más acerca de las recompensas eternas —me dijo—, pero estaba equivocado. Me trajo aquí para cambiarme el corazón; salgo de aquí como un profesor transformado».

En el último día, le pregunté al grupo: «¿Están convencidos de que esto que hemos estado enseñando sobre las recompensas está de acuerdo con lo que enseñó Jesús?»

«Estamos convencidos» —me contestaron. Y nunca he vuelto a mirar atrás.

## Las dos llaves

En las próximas páginas encontrará por sí mismo los hallazgos que exploramos aquella semana en el Seminario Western. Tanto si está familiarizado con las enseñanzas de Jesús acerca de las recompensas eternas, como si se está tropezando con ellas por vez primera, lo animo a que lea con gran expectación. Lo esperan unos importantes hallazgos espirituales.

A partir de afirmaciones hechas por Jesús, construiremos cuidadosamente la visión más grande y verdadera posible sobre toda su vida. Vamos a usar un buen número de palabras familiares, como *cielo, tesoro, obras* y *fe*. Le ruego que tenga paciencia mientras buscamos ideas escondidas debajo de estas etiquetas tan familiares.

Las enseñanzas de Jesús nos muestran que hay dos llaves que lo deciden todo con respeto a su eternidad.

La primera llave es la de sus *creencias*. Abre el candado de la puerta que da a la vida eterna y determina dónde va a pasar usted la eternidad.

La segunda llave es la de su *conducta*. Abre el candado de la puerta que da a las recompensas y decide *la forma* en que usted va a pasar la eternidad.

Esta segunda llave es la que enfoca *Una vida recompensada por Dios*. Aunque el papel de la conducta (también usaremos palabras como *acciones* u *obras*) no es más importante para su futuro que sus creencias, en los últimos tiempos ha sido más pasado por alto. Y lo que promete el redescubrimiento de las verdades que libera es enorme, en especial para los seguidores de Jesús.

De hecho, cuando haya terminado de leer, va a mirar la vida diaria de una forma drásticamente distinta. Unas decisiones tan sencillas como la forma de usar el tiempo y el dinero, se van a convertir en oportunidades para recibir grandes promesas. Y comenzará a vivir con una inconmovible certeza de que todo cuanto haga hoy va a importar para siempre.

## Rumores sobre ballenas azules

En *La oración de Jabes*, el primer libro de esta serie, aprendimos que Dios quiere que le pidamos su bendición, y que nos conceda una influencia o «territorio» mayor en este mundo. El libro siguiente, *Secretos de la vid*, señalaba que Jesús quiere nuestro territorio a fin de producir una gran cosecha de buenas obras para Él.

En *Una vida recompensada por Dios* le quiero mostrar cómo la cosecha que usted produzca va a tener un impacto directo en su experiencia en la eternidad, y cómo esa verdad puede hacer hoy mismo que su vida sea mejor.

*Comenzará a vivir con una inconmovible certeza de que todo cuanto haga hoy va a importar para siempre.*

Admito que en un tema como la eternidad, debemos proceder con detenimiento y humildad. Somos como renacuajos intercambiando historias sobre ballenas azules. O como un gemelo en el seno materno, tratando de convencer a su hermano de que solo es cuestión de tiempo antes de que ambos comiencen a respirar aire y montar bicicleta.

Por fortuna para todos nosotros, Dios envió a su Hijo desde el cielo para que nos ayudara a ver toda la verdad. Si estamos dispuestos a que sus palabras nos sorprendan, perturben e incluso nos dejen perplejos, nuestras esperanzas de llevar una vida que Él recompense van a mejorar, y a partir de ahora mismo.

# 2

# El enlace indestructible

*Porque el Hijo del Hombre vendrá*

*en la gloria de su Padre con sus ángeles,*

*y entonces pagará a cada uno*

*conforme a sus obras.*

Jesús, en Mateo 16:27

U*n parpadeo*
Eso es lo primero que va a notar: sencillamente, no habrá transición alguna. No habrá un puente entre lo temporal y lo eterno. No habrá un despertar poco a poco. No habrá eso de ir caminando hacia el cielo a través de un largo corredor de luz (donde usted podría, por ejemplo, pensarse de nuevo el rumbo que lleva y decidirse a

regresar). No habrá un instante libre para decidir que sí, que por fin es hora de tener en cuenta lo dicho por Dios.

Va a ir de un instante a otro. En un instante, la tierra; en el siguiente, la eternidad...

*Un parpadeo.*

Y después, ¿qué?

Si usted es como la mayoría de la gente, se imaginará la eternidad como algo semejante a una carretera del oeste de Texas: llana, larga y monótona. Lo que espera es que después de su muerte, todos los grandes sucesos de su vida queden atrás.

Pero Jesús revela algo totalmente distinto. Puesto que es la única persona que ha venido de la eternidad a la tierra, y después vuelto a la eternidad, Él es quien conoce toda la verdad —pasada, presente y futura— y le puede dar una perspectiva única. Por ejemplo, puede ver su presente (aquí está, leyendo *Una vida recompensada por Dios*), desde un momento muy lejano en

*La mayoría de la gente se imagina la eternidad como una de las carreteras del oeste de Texas: llana, larga y monótona.*

*El enlace indestructible*

su futuro infinito y decirle con exactitud cómo se debe preparar para lo que va a venir.

Escuche algo sobre un momento futuro del que les habló Jesús a sus discípulos:

> *Porque el Hijo del Hombre vendrá en la gloria de su Padre con sus ángeles, y entonces pagará a cada uno conforme a sus obras.*
>
> **MATEO 16:27**

Estaba describiendo una serie específica de sucesos en el futuro de todo creyente que van a alterar nuestra experiencia en la eternidad: Él vendrá de nuevo, traerá recompensas, y sus recompensas le serán dadas a «cada uno conforme a sus obras». Puesto que Jesús no ha vuelto aún, podemos llegar a la conclusión de que incluso sus discípulos siguen esperando en el cielo el suceso que Él describe en este versículo.

¿Lo sorprende esta noticia?

Si así es, agradecerá lo que aparece a continuación. Para ayudarlo a sacar el máximo de lo que Jesús quiere que sepa acerca de sus recompensas, vamos a comenzar primero con el cuadro general.

En este capítulo, vamos a separarnos del hueco de la cerradura, dejar que Jesús abra la puerta, y obtener una gran vista estilo Vía Láctea sobre el futuro de todas las personas.

Y comprenderá cómo es que se está decidiendo hoy la larga línea de su futuro con un pequeño punto llamado «hoy».

## La (verdadera) línea del tiempo de su eternidad

Si miramos con mayor atención a lo que dijo Jesús, descubriremos que nuestra vida eterna tiene una línea del tiempo clara y cognoscible donde aparecen todos sus sucesos. De hecho, reveló que la mayor parte de nuestra vida tiene lugar *después* de nuestra muerte física.

La línea del tiempo que sigue se centra en sucesos que le van a acontecer en el futuro. Jesús hablaba con frecuencia de ellos. Y se aplican a usted, cualquiera que sea su religión o cualesquiera que sean las decisiones que esté tomando hoy acerca de sus creencias o acciones.

Tendremos más detalles después, pero por el momento, piense en la línea del tiempo como un mapa de carreteras hacia su futuro, donde solo aparecen marcadas las principales intersecciones.

## LOS SEIS SUCESOS PRINCIPALES DE SU VIDA PARA SIEMPRE

**1. LA VIDA.** *Usted fue creado a imagen de Dios para una vida que tiene un propósito.*

Comencemos con el momento presente. Aunque usted no existía desde siempre en el pasado, sí va a continuar existiendo para siempre en el futuro. Entre el nacimiento y la muerte, vive en la tierra como cuerpo, alma y espíritu (Juan 3:6; 4:23-24; 1 Tesalonicenses 5:23).

**2. LA MUERTE.** *Se muere físicamente, no espiritualmente.*

Así como el nacimiento es su breve entrada a la vida en la tierra, la muerte de su cuerpo es su momento de salida. Sin embargo, puesto que en usted hay más que la materia orgánica, su vida como alma y espíritu continúa. La Biblia no enseña ni la reencarnación, ni la «dormición del alma». Jesús reveló que después de la muerte, el alma o está con Dios en el cielo, o alejada de Él en el infierno (Lucas 23:43; 2 Corintios 5:8).

3. EL LUGAR DE DESTINO. *Alcanzamos nuestro lugar de destino después de la muerte, y lo determina lo que hayamos creído en la tierra.*

Su lugar de destino eterno lo decide el que haya creído en Jesús o no mientras estaba aún en esta vida (Juan 3:16-18). En todas sus enseñanzas, Jesús solo identificó dos lugares posibles para la otra vida: el cielo o el infierno (Juan 14:2; Mateo 23:33). Ambos duran para siempre.

4. LA RESURRECCIÓN. *Recibimos un cuerpo resucitado.*

En la eternidad, toda persona va a pasar por una resurrección corporal (Juan 5:28-29). Nuestro nuevo cuerpo va a ser inmortal; nunca podrá volver a pasar por la muerte (1 Corintios 15). En el caso de los resucitados para vida, Jesús «transformará el cuerpo de la humillación nuestra, para que sea semejante al cuerpo de la gloria suya» (Filipenses 3:21).

5. EL PAGO. *Recibiremos nuestra recompensa o retribución para la eternidad, según lo que hayamos hecho en la tierra.*

Aunque su destino eterno se basa en sus creencias, la forma en que usted pase la eternidad se basa en su conducta mientras está en la tierra. Tanto creyentes como no creyentes serán juzgados por Jesucristo en unos sucesos llamados el «bema» y el «gran trono blanco» (Juan 5:22; 2 Corintios 5:10; Apocalipsis 20:11-15). Los resultados determinarán su grado de recompensa en el cielo o retribución en el infierno (Mateo 11:21-22; 23:14).

6. LA ETERNIDAD. *Viviremos para siempre en la presencia o ausencia de Dios, recogiendo las consecuencias de nuestras creencias y acciones en la tierra.*

Jesús enseñó que a todos nos espera una existencia eterna. Los que le hayan rechazado «irán al castigo eterno», mientras que los que le hayan escogido experimentarán una vida eterna en la presencia de Dios (Mateo 25:46). La eternidad que Jesús revela no es una simple existencia o estado mental, sino una vida real en un lugar también real.

Si usted está familiarizado con lo que dice la Biblia acerca de los sucesos futuros, habrá notado que no hemos incluido algunos, como el Arrebatamiento, la Segunda Venida de Jesús, la Tribulación y el Reino. Esto se debe a que hemos tratado de describir una visión amplia de los sucesos que todos vamos a experimentar.

## Haga la conexión

Hasta este rapidísimo recorrido por la eternidad basta para mostrarle lo mucho que está en juego en lo que tiene usted por delante. Está claro que, según Jesús, su futuro contiene grandes promesas de realización y recompensas... si usted toma ciertas decisiones ahora.

Y esto nos lleva a una conexión que muchos no alcanzan a ver. Tal vez usted ya la haya visto.

Si mira los seis sucesos principales de su vida para siempre en función de causa y efecto, notará que su vida de ahora está causando un impacto directo en todo lo que le va a suceder después de morir. Entre su vida en la tierra y todos los sucesos posteriores de su vida hay una conexión invisible que va en un solo sentido.

## El enlace indestructible

Yo describo esta conexión crítica llamándola «la Ley del Enlace Indestructible»:

*Sus decisiones terrenales tendrán consecuencias directas sobre su vida en la eternidad.*

Piense en esta Ley del Enlace Indestructible como la ley de gravedad: siempre presente, siempre funcionando, aun cuando usted no la pueda ver, e incluso aunque no crea en ella. Las decisiones que usted tome en su vida no se desvanecerán cuando usted muera. Son importantes. Y seguirán siendo importantes durante toda la eternidad.

*Su futuro contiene grandes promesas de realización y recompensas... si usted toma ciertas decisiones ahora.*

Cuando estudiamos los sucesos de nuestra línea del tiempo, vemos que en realidad hay dos conjuntos de consecuencias (las describí en el capítulo 1 llamándoles «llaves»):

- Nuestro destino eterno es consecuencia de lo que creamos en la tierra.

- Nuestra compensación eterna es consecuencia de la forma en que nos conduzcamos en la tierra.

Yo crecí comprendiendo solo parte de lo que muestra este enlace. Sabía que lo que creyera en la tierra afectaría al lugar donde pasaría la eternidad. En cambio, daba por sentado que mis acciones (una vez resuelta la cuestión de mis creencias) no tendrían consecuencias directas sobre lo que sería el cielo para mí. Como podrá ver, aplicaba el enlace a mi fe, pero no a mis acciones.

*Jesús vino para mostrarle cómo puede cambiar su futuro a partir de una pequeña decisión.*

Déjeme preguntarle una cosa: ¿Cree que sus decisiones de hoy *están* enlazadas con lo que usted va a experimentar en la eternidad?

Lo que he observado es que en todo el mundo las personas se pueden dividir en dos grupos con respecto a esta cuestión. Uno de los grupos insiste en las consecuencias de las creencias sobre el futuro eterno de la persona, mientras tiende a reducir al mínimo la importancia de las obras. El otro insiste en las consecuencias de las buenas obras sobre el futuro eterno de la persona, mientras tiende a reducir al mínimo la cuestión de las creencias.

Cada uno de estos dos grupos tiende a menospreciar al otro y, lamentablemente, solo ve una parte del cuadro general.

De acuerdo con su experiencia, ¿le parecen ciertas estas observaciones?

Permítame preguntarle: ¿Cuál consecuencia del enlace se habría podido esconder de su vista dentro de su manera de pensar?

Piense en lo que podría significar para usted el redescubrimiento de la conexión entre su vida de ahora y su vida en la eternidad. Si sus acciones de ahora *tienen* el potencial necesario para afectar de forma radical su eternidad, ¿acaso esto no cambiaría de forma drástica su manera de pensar sobre su vida, sobre Dios, sobre lo que usted decidirá hacer dentro de un minuto?

Jesús quiere que sepa que las consecuencias positivas de sus acciones y creencias de hoy pueden cambiar su eternidad de formas asombrosas y maravillosas, y que Él no quiere que desperdicie ni un minuto más creyendo algo distinto.

Usted no necesita preguntarse ni preocuparse acerca de lo que le podría esperar al otro lado del último latido de su corazón. En su gran misericordia, Jesús vino de la eternidad a la tierra para que usted pudiera saber con exactitud qué consecuencias tendrán allí sus acciones y creencias.

Y porque Él vino, no tenemos por qué pensar que la eternidad contiene una amenaza, sino solo una gran promesa.

## El punto y la línea

Le quiero mostrar una figura que lo ayudará a mantener siempre presente en su pensamiento la realidad del enlace indestructible mientras toma sus decisiones diarias.

A continuación verá un punto y una línea. El punto es pequeño y se limita a un pequeño lugar. La línea comienza en un lugar, y después sigue a lo ancho de la página. Imagínese que la línea se sale de la página y sigue avanzando y avanzando, sin tener fin.

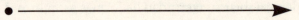

El punto representa toda su vida aquí en la tierra. Para la mayoría de nosotros, esto significa unos setenta años.

La línea representa su vida después de la muerte en la eternidad. Esta es para siempre.

Como vimos en nuestra línea del tiempo, las enseñanzas de Jesús señalan que *lo que sucede dentro del punto determina todo lo que suceda en la línea*. Incluso una pequeña decisión en el punto puede tener por resultado una consecuencia correspondiente de unas proporciones asombrosas dentro de la línea.

Cada vez que mis oyentes captan esta imagen mental, su reacción es inmediata e intensa. Dicen cosas como estas: «Si esto es cierto, el cambio que hace en mí es total», o «No puedo creer que yo haya preparado el futuro de mis hijos y mi ancianidad, sin pensar siquiera en mi futuro *real*» Un hombre me dijo: «Siempre he pensado en terminar bien,

*Usted no necesita preguntarse ni preocuparse acerca de lo que le podría esperar al otro lado del último latido de su corazón.*

pero ahora resulta que la muerte solo es la puerta donde todo comienza».

¿Se puede identificar con alguna de estas reacciones? ¿Diría que ha estado viviendo para la línea, o para el punto?

Si me responde que ha vivido para el punto, su visión de futuro está a punto de mejorar. Jesús vino para mostrarle cómo puede cambiar su futuro, a partir de una pequeña decisión.

Solo tiene que preguntárselo a un grupo de huéspedes de una cena...

# 3

# LO QUE DICE LA BIBLIA DE LAS RECOMPENSAS

*Mas cuando hagas banquete, llama a los*

*pobres, los mancos, los cojos y los ciegos;*

*y serás bienaventurado; porque ellos no te*

*pueden recompensar, pero te será recompen-*

*sado en la resurrección de los justos.*

JESÚS, EN LUCAS 14:13-14

Sucedió en un día de reposo. Jesús había sido invitado, junto con una distinguida lista de huéspedes al hogar de un líder prominente (Lucas 14:1). Mientras los huéspedes iban buscando su lugar, Jesús los observaba mientras se apresuraban a conseguir los mejores asientos.

De repente, ofreció un consejo que no le habían pedido:

*Ve y siéntate en el último lugar.... Porque cualquiera que se enaltece, será humillado; y el que se humilla, será enaltecido.*

VV. 10-11

En todo el salón, los que andaban haciendo juegos de poder titubearon. Pero Jesús no había terminado. Se volvió al anfitrión y comenzó a instruirlo sobre una manera mejor de buscar sus huéspedes:

*Dijo también al que le había convidado: Cuando hagas comida o cena, no llames a tus amigos, ni a tus hermanos, ni a tus parientes, ni a vecinos ricos; no sea que ellos a su vez te vuelvan a convidar, y seas recompensado.*

V. 12

¡Qué momento tan incómodo! Jesús le parecía estar diciendo a su anfitrión: «La próxima vez, no invites a toda esta gente que has invitado esta noche».

¿Estaba poniendo en duda el buen gusto de aquel hombre en cuanto a amigos, o su comprensión de la etiqueta social? Miremos con mayor detenimiento lo que le dijo después:

*Mas cuando hagas banquete, llama a los pobres, los mancos, los cojos y los ciegos; y serás bienaventurado.*

vv. 13-14

En lugar de criticar a su anfitrión por su generosidad, Jesús le estaba mostrando cómo hacer para conseguir algo importante —algo más perdurable que una noche encantadora— a cambio. La primera indicación que encontramos sobre ese algo se halla en la palabra *bienaventurado*.

¡*Bienaventurado*! Todos conocemos ese sentimiento. Mi familia lo experimentó un día cuando nos salimos de la carretera para almorzar, y decidimos pagarle el almuerzo a un viajero sin hogar que estaba sentado fuera del restaurante. Cuando mi hija le presentó la hamburguesa con queso más grande que había en el menú, él le sonrió lleno de felicidad con una sonrisa sin dientes, y adquirimos un nuevo amigo.

*Aquella noche, Jesús tenía otra cosa en la mente.*

Aún recuerdo cómo me sentía mientras regresábamos a la carretera interestatal. Totalmente recompensado. Con una sensación general de calor. Sí, Jesús tenía razón. Las bendiciones vienen realmente cuando uno hace buenas obras a favor de quienes no se las pueden pagar.

*Pero no es eso de lo que Él estaba hablando.*

Aquella noche, Jesús tenía otra cosa en mente.

## LO QUE JESÚS DIJO DESPUÉS

El resto de lo que dijo Jesús nos lleva al corazón mismo de las enseñanzas de la Biblia acerca de las recompensas:

> *Y serás bienaventurado; porque ellos no te pueden recompensar, pero te será recompensado en la resurrección de los justos.*
>
> V. 14

Era imposible que alguno de los que estaban en aquel salón no comprendiera la asombrosa revelación de Jesús: Dios nos va a pagar por nuestras buenas obras *después de que hayamos muerto*. Esto contradice lo que cree la mayor parte de la gente hoy, y lo que creían todos los que se hallaban en aquel salón: que Dios solo recompensa en la tierra a las personas por el bien que hacen en esta vida.

Jesús reveló algo totalmente opuesto. Sus palabras muestran que cuando usted haga una buena obra a favor de una persona que no le pueda pagar:

1. Va a recibir el pago.
2. Su pago llegará en la otra vida.
3. Cuando lo reciba, será bienaventurado.

Por supuesto, Dios nos bendice aquí en la tierra, por su gracia y bondad inmerecidas. También es posible que nos dé recompensas temporales por haber tomado unas decisiones correctas o haberle servido fielmente aquí y ahora. Pero las recompensas que Jesús revela en esta historia —y de las cuales es de las que más habla— son distintas. Constituyen la respuesta garantizada de Dios a una acción concreta por parte nuestra que va a seguir afectando a nuestra vida en la eternidad. Estas recompensas no vienen de que pidamos, sino de que hagamos, y no vienen ahora, sino después de la muerte.

No darse cuenta de estas diferencias equivale a prepararse para la desilusión. Usted se encontraría haciéndose preguntas como estas: *Sirvo a Dios de todas las formas que sé. Entonces, ¿por qué mi familia tiene tantos problemas económicos? ¿Acaso será que Él no se da cuenta, o no le importa?* Amigo, Dios sí se da cuenta y sí le importa. Pero lo que no promete es que trabajar para Él ahora siempre vaya a tener por consecuencia unas ganancias recibidas de Él también ahora.

De hecho, las recompensas sobre las cuales Jesús quería que supiéramos más usted y yo *no* llegan ahora. Lo dijo en su primer sermón, y se lo dijo de nuevo a un salón repleto de sabelotodo religiosos que iban a cenar...

Sus recompensas eternas vienen más tarde, y comienzan con algo que usted hace hoy.

## ¿Qué quiso decir Jesús al hablar de recompensa?

Es interesante que la Biblia use dos palabras diferentes para describir la recompensa de Jesús.

La palabra griega usada en las enseñanzas de Jesús en Lucas 6 es *miszós*. Literalmente significa *sueldo*: «Gozaos en aquel día, y alegraos, porque he aquí vuestro *miszós* [sueldo] es grande en los cielos» (Lucas 6:23).

Jesús usó la misma palabra más tarde al hablar de los sueldos terrenales: «Llama a los obreros y págales el *miszós* [sueldo]» (Mateo 20:8). Y Pablo le dijo a Timoteo: «Digno es el obrero de su *miszós* [sueldo, salario]» (1 Timoteo 5:18).

Todos los que oyeron a Jesús, comprendieron con exactitud lo que quería decir: «Cuando ustedes trabajan en la tierra, su patrono les da su *miszós*. Y cuando trabajan para mí, yo también les pago su sueldo».

*Las recompensas de Jesús comienzan con algo que usted haga hoy.*

Él nunca describió su recompensa como una propina dada por caridad («Aquí tienes un poco de dinero extra...»), o una muestra de gratitud (como una placa entregada por treinta años en la fábrica). Lo llamó «sueldo», algo que uno gana como consecuencia de algo que hace.

La segunda palabra usada para hablar de la recompensa en los cielos aparece en el relato sobre la cena que aparece en este capítulo. Aquí usó una palabra compuesta, una forma del verbo *antapodídomi*. *Ant'apó* significa «en retorno», y *dídomi* significa *dar*. Al combinarlas dan *antapodídomi*, verbo que significa «dar en retorno», o simplemente, «pagar».

> *Y serás bienaventurado... pero te será recompensado [antapodozésetai forma de antapodídomi] en la resurrección de los justos.*
>
> LUCAS 14:14

Jesús también usó un término muy similar en su famosa historia acerca del Buen Samaritano, que se detuvo para ayudar al viajero a quien los salteadores habían golpeado y robado. Cuando el samaritano se llevó al herido a una posada cercana, le dijo al posadero: «Cuídamele; y todo lo que gastes de más, yo te lo pagaré [*apodoso,* forma de *apodidomi, pagar, devolver*] cuando regrese» (Lucas 10:35).

Estos dos verbos similares, *antapodídomi* y *apodídomi*, llevan la idea de un sueldo a un territorio más sorprendente aun. Jesús dice que cuando Dios use con usted el verbo *apodídomi*, lo estará recompensando en una medida plena por cuanto usted hizo por Él. Si piensa que Dios lo va a recompensar solo por los actos grandiosos de sacrificio personal, y no por los actos diarios de amor, recuerde que Jesús dijo: «Y cualquiera que os diere un vaso de agua en mi nombre... no perderá su recompensa [*miszós*, sueldo]» (Marcos 9:41).

¿Ha oído y aceptado la asombrosa promesa de Jesús? No hay obra alguna hecha por Dios que pase inadvertida o sin recompensa. Ni un vaso de agua, ni una oración en medio de la noche.

*Jesús nunca descubrió su recompensa como una propina dada por caridad.*

## Retrato de una vida

Hace poco visité a una anciana llamada Vera, que estaba confinada a su lecho.

—Me desaliento tanto aquí acostada todo el día, doctor Wilkinson —me dijo—. En realidad no puedo *hacer* por Dios nada más que orar.

—¿Ora usted mucho? —le pregunté.

Vera pensó por un instante antes de contestarme: —Más o menos medio día, supongo. Y parte de la noche también.

Yo le di ánimo, recordándole que Jesús decía que la oración en privado es tan valiosa para Dios, que «tu Padre que ve en lo secreto te recompensará en público» (Mateo 6:6).

Tal vez a usted le pase como a Vera, que está haciendo más cosas de valor eterno, de las que se da cuenta. Entonces, ¿qué aspecto tendría el retrato de una vida que Dios recompensa?

En ningún lugar presenta Jesús una lista exhaustiva de las acciones que Él va a recompensar. Sin embargo, he observado en culturas del mundo entero que la gente sabe por instinto lo que es una buena obra: un acto que uno realiza a favor de alguien, que satisface una necesidad y le da honra a Dios. En *Secretos de la vid* vimos lo mucho que Dios quiere este tipo de fecundidad en la vida de todos, y trabaja por lograrlo. Jesús les dijo a sus discípulos: «En esto es glorificado mi Padre, en que llevéis mucho fruto» (Juan 15:8).

En las enseñanzas de Jesús y en el resto del Nuevo Testamento hallamos una intensa

*Tal vez usted esté haciendo más cosas de valor eterno, de las que se da cuenta.*

imagen de la vida que Dios recompensa. Para ayudarlo a recordar este retrato, he hecho una lista de siete aspectos. Vera es un buen ejemplo del primero:

1. Dios lo recompensará por *buscarlo* a través de actos espirituales como ayunar y orar (Mateo 6:6; Hebreos 11:6).
2. Dios lo recompensará por *someterse* a su patrono como fiel administrador (Mateo 24:45-47; Efesios 6:8; Colosenses 3:22-24).
3. Dios lo recompensará por *negarse* a sí mismo para servirle (Mateo 16:24-27).
4. Dios lo recompensará por *servir* a los necesitados en su nombre (Marcos 9:41).
5. Dios lo recompensará por *sufrir* por su nombre y reputación (Lucas 6:22-23).
6. Dios lo recompensará por los *sacrificios* que haga por Él (Lucas 6:35). De hecho, Jesús dijo que toda persona que se sacrifique para seguirle va a ser recompensada al ciento por uno (Mateo 19:29).
7. Dios lo recompensará por *compartir* su tiempo, talento y tesoros con el propósito de extender su Reino (Mateo 6:3-4; 1 Timoteo 6:18-19).

Al leer esta lista, es probable que encuentre aspectos en los cuales ya le ha dado la prioridad a hacer lo que Dios promete recompensar. O tal vez lea la lista y se sienta desanimado: *Esto parece la descripción de un supersanto al estilo de Billy Graham, o la Madre Teresa. ¿Cómo es posible que gane alguna recompensa alguien como yo?*

Permítame que lo tranquilice. En las próximas páginas, va a ver que todas las personas que hay en la tierra, cualesquiera que sean sus circunstancias o capacidades, tiene igual oportunidad de agradar a Dios y escuchar su «Bien, buen siervo y fiel» (Mateo 25:21).

## La prerrogativa de dios

He observado que las personas que están descubriendo estas cosas por vez primera reaccionan con unos sentimientos muy diversos. Hay quienes sienten una intensa gratitud; otros, un estallido de expectación. Pero otros me dicen que les cuesta creer lo que están oyendo. Dicen: «Pero si yo no merezco recompensa alguna». O bien: «Si ya voy a pasar la eternidad con Jesús en el cielo, ¿para qué habría de querer o necesitar algo más?»

*Lo que dice la Biblia de las recompensas*

Comprendo esos sentimientos. Yo mismo los tuve cuando exploré este tema la primera vez. De hecho, no estuve de acuerdo con el plan de Dios en absoluto. Había trabajado para Dios con toda felicidad durante años. No podía creer que quisiera recompensarme por aquello que ya estaba haciendo voluntariamente para Él. Al fin y al cabo, Jesús murió por mí. Servirlo era lo menos que podría hacer yo por Él.

*No podía creer que quisiera recompensarme por aquello que ya estaba haciendo voluntariamente para Él.*

Dos pasajes de los evangelios me ayudaron a comenzar un cambio de pensamiento:

- En Lucas 17:10, Jesús les dijo a sus discípulos: «Así también vosotros, cuando hayáis hecho todo lo que os ha sido ordenado, decid: Siervos inútiles somos, pues lo que debíamos hacer, hicimos».

Este pasaje muestra que, por encima de todo, tengo el deber y el privilegio de servir a Dios. Si Jesús me lo agradece, es porque Él es bondadoso y generoso, y no porque me lo merezca.

- En Mateo 20:1-16, Jesús contó una parábola acerca de unos trabajadores que trabajaron diferentes cantidades de tiempo, pero recibieron todos el mismo salario. Al final del día, cuando los que habían trabajado el día entero pusieron en duda la justicia del terrateniente, él les dijo: «¿No me es lícito hacer lo que quiero con lo mío? ¿O tienes tú envidia, porque yo soy bueno?» (v. 15).

Este segundo pasaje me recuerda que Dios puede ser tan generoso como Él quiera con lo que le pertenece. Si yo no estoy de acuerdo con su asombrosa bondad, tal vez sea porque me falta bondad en mi propio corazón.

Entonces, un día me volví a encontrar con un conocido versículo que cambió de una vez por todas mi forma de pensar en este asunto.

## LE PRESENTO AL GALARDONADOR

Hallará este versículo en Hebreos, metido dentro de un pasaje que habla de los héroes que agradaron a Dios con su fe. Dice el escritor: «Pero sin fe es imposible agradar a Dios; porque es necesario que el que se acerca a Dios crea que le hay, y que es *galardonador...*» (11:6).

Si busca la palabra *galardonador* en griego, se va a asombrar de lo que va a descubrir. La palabra usada aquí no es ni *miszós* ni el verbo *apodídomi*, sino una rara combinación de ambas. De hecho, Hebreos 11:6 es el único versículo de la Biblia donde la va a usar para describir a una persona Dios es el *miszapodótes*: el recompensador que lo recompensa pagándole su sueldo.

Como ve, Dios decide recompensar, porque esto es una expresión de su generosa naturaleza. Su plan para recompensar, como su provisión para salvar, es una manifestación de su asombrosa gracia.

Y no hay otra forma de pensar en esto. La Biblia dice que si usted quiere agradarle, *debe* creer que «le hay», pero también *debe* creer algo más. Que su Dios «es galardonador».

Hoy, esto exige fe. Pero en el próximo capítulo lo llevará a un día en su futuro en el cual Jesús se lo demostrará cara a cara.

*Es necesario que el que se acerca a Dios crea que... es galardonador.*

# 4

# Aquel día

*Porque el Padre a nadie juzga, sino que todo el juicio dio al Hijo, para que todos honren al Hijo como honran al Padre.*

JESÚS, EN JUAN 5:22-23

¿Se ha sentado alguna vez con los ojos pegados a la televisión, viendo las ceremonias de entrega de los premios olímpicos mientras le corren las lágrimas por el rostro?

Yo lo he hecho. En estas escenas hay algo especial que conmueve el corazón de las personas.

Su atleta favorito sube los escalones de la plataforma de los ganadores, su himno nacional se oye en todo el estadio y la bandera de su nación ondea en el lugar de distinción. Sus años de sudor

*Aquel día*

y sacrificio han dado fruto. Ha terminado la carrera, y ha ganado.

Ahora, mientras aplauden miles de personas, un oficial de las Olimpíadas le pone una medalla al cuello.

Un día, usted y yo vamos a tener nuestra propia ceremonia de entrega de premios en la eternidad. Los cielos resonarán con la alabanza y la celebración. Habrá testigos de todas las naciones y las generaciones, que observarán con ardiente emoción. Hasta los ángeles se detendrán...

Porque nuestra carrera de la fe habrá terminado. Habrá llegado nuestro momento de subir a la plataforma para recibir nuestra recompensa.

En ese día, ¿quién cree usted que va a ser nuestro juez y galardonador?

El mejor juez sería una persona que comprendiera lo que es la justicia total desde la perspectiva del cielo, pero que supiera también lo que es vivir en el calor, el polvo y el desaliento de la vida cotidiana.

*Un día, usted y yo tendremos nuestra propia ceremonia de entrega de premios en la eternidad.*

Esa persona solo podría ser Jesús. La Biblia dice que Él fue «tentado en todo según nuestra semejanza, pero sin pecado» (Hebreos 4:15). Y de hecho, dice también que será nuestro juez. El propio Jesús les anunció a sus discípulos que Dios le había dado la autoridad para juzgar:

*Porque el Padre a nadie juzga, sino que todo el juicio dio al Hijo.*

JUAN 5:22

Pablo, pensando de antemano en su propia ceremonia de entrega de premios, escribió: «Por lo demás, me está guardada la corona de justicia, la cual me dará el Señor, juez justo, en aquel día; y no solo a mí, sino también a todos los que aman su venida» (2 Timoteo 4:8).

¿Espera usted ansioso el momento en que se encuentre personalmente con su Salvador? Entonces este capítulo es especialmente para usted. Vamos a ver con mayor detenimiento el quinto suceso: el pago.

Comenzaremos dándole una imagen de lo que va a experimentar cuando comparezca ante Jesús para recibir su pago por lo que hizo durante su vida en la tierra. Recuerde: todos rendiremos cuentas, y todos recibiremos de Dios una compensación basada en nuestras obras. Cuando el apóstol Pablo les escribía a las iglesias, les hablaba de un juicio en el *bema* de Jesús. El apóstol Juan escribió acerca de un juicio en un gran trono blanco.

En los próximos minutos, vamos a responder algunas preguntas importantes acerca de esa maravillosa ocasión: ¿Cómo va a evaluar Jesús lo que hicimos por Él? ¿Qué podríamos ganar o perder? Y, ¿cómo responderemos nosotros?

Nadie escribió con mayor detalle acerca de ese día, que el apóstol Pablo, tal vez porque él experimentó un avance inesperado de su importancia un día, estando en la ciudad griega de Corinto...

## Pablo ante el bema

Pablo llevaba varios meses viviendo en Corinto, esparciendo allí la buena noticia del Evangelio cada vez que podía, cuando comenzaron los problemas. Sus enemigos lo arrastraron hasta los tribunales y lo acusaron de «persuadir a los hombres a honrar a Dios contra la ley» (Hechos 18:13).

Los eruditos creen que una plataforma elevada de mármol que aún es visible hoy entre las ruinas de Corinto es el lugar exacto donde se sentó el magistrado de la provincia para oír del caso de Pablo. Esta plataforma recibía el nombre de *bema*, palabra griega que significa *asiento del juicio*. Esta misma palabra se aplicaba al lugar donde se sentaban los oficiales en las competencias olímpicas. El bema representaba autoridad, justicia y recompensa (Juan 19:13; Hechos 25:10-12).

En aquella audiencia, Pablo compareció ante un magistrado llamado Galión, mientras sus enemigos alegaban a favor de que se le castigara. Pero cuando le llegó el turno de defenderse, Galión detuvo la audiencia. Ya había decidido que no se había cometido delito alguno. Pablo quedó en libertad.

Si tenemos en cuenta la tumultuosa vida del apóstol, el incidente ante el bema de Corinto debe haber sido algo muy efímero para él.

¿O no lo fue?

Tres años después, Pablo le envió una carta a la iglesia de Corinto. En ella hablaba de otro bema, este situado en el cielo. Les decía que todos los seguidores de Jesús tendrían que comparecer ante él un día:

> *Porque es necesario que todos nosotros comparezcamos ante el tribunal de Cristo, para que cada uno reciba según lo que haya hecho mientras estaba en el cuerpo, sea bueno o sea malo.*
>
> 2 Corintios 5:10

Observe dos frases importantes: Cuando Pablo habla de que «cada uno reciba», está indicando claramente una recompensa o pago. Y cuando dice «lo que haya hecho mientras estaba en el cuerpo», está limitando la recompensa a las cosas que usted hizo mientras estaba vivo aquí en la tierra. Como sabrá, esto se produce en el cielo, después de morir.

La escena que se desarrolló entre las piedras de Corinto le dio a Pablo una imagen fascinante, que quería que la Iglesia de Corinto viera y recordara. Todos nos enfrentaremos al bema, compareceremos allí solos, y nuestro juez será el mismo Jesucristo.

## Mostrar y probar

Dos años más tarde, cuando Pablo les escribió a los cristianos de Roma para darles ánimo, sacó a relucir de nuevo el bema:

*Porque todos compareceremos ante el tribunal de Cristo.... De manera que cada uno de nosotros dará a Dios cuenta de sí.*

ROMANOS 14:10, 12

¿Qué quiso decir al hablar de «dar cuenta»? Una descripción visual de nuestro juicio, que se halla en 1 Corintios 3, nos da algunas ideas clave al respecto. En ella, Pablo no describe una plataforma, sino un edificio, que representa nuestras obras, las cuales pasan por la prueba del fuego:

*Y si sobre este fundamento alguno edificare oro, plata, piedras preciosas, madera, heno, hojarasca, la obra de cada uno se hará manifiesta; porque el día la declarará, pues por el fuego será revelada; y la obra de cada uno cuál sea, el fuego la probará.*

VV. 12-13

Sabemos por el versículo anterior que el fundamento al que se refiere Pablo es Jesús. Cuando juntamos estos versículos, aclaran que la primera razón de ser del bema es *mostrar*. Observe las palabras clave: *se hará manifiesta, la declarará y será revelada*. En el momento de

*No es a usted a quien se está probando aquí. No se están probando tampoco sus creencias.*

rendir cuentas después de que venga Jesús (Pablo lo llama «el día», como hace Jesús), todo cuanto hayamos hecho por Dios quedará llana y totalmente a la vista.

La segunda razón de ser del juicio ante el bema es *probar* nuestras obras:

*Y la obra de cada uno cuál sea, el fuego la probará. Si permaneciere la obra de alguno que sobreedificó, recibirá recompensa. Si la obra de alguno se quemare, él sufrirá pérdida, si bien él mismo será salvo, aunque así como por fuego.*

VV. 13-15

*Una vida recompensada por Dios*

Observe que no es a *usted* a quien se está probando aquí. No se están probando tampoco sus *creencias*, ni *su lugar de destino* para la eternidad.

Entonces, ¿qué se prueba en el bema? *Sus obras.* Lo que usted hizo con su vida perdurará como el oro, la plata y las piedras preciosas en un incendio. O bien, arderá como la paja, sin que quede el menor rastro, por sensibles, deleitosas o incluso religiosas que hayan podido parecer estas actividades mientras usted estaba vivo.

Le ayudará a captar la razón de ser de nuestro «mostrar y probar» en el cielo el que se imagine a dos seguidores de Jesús acercándose al bema. Uno es un alto líder de la Iglesia, mientras que el otro es un vendedor ambulante. Comparecen para el juicio, primero uno y después otro. Cada uno de ellos ve todas las obras que hizo en una alta pila sobre el altar. Entonces, se prueba la pila con fuego.

¿Cuál de estos dos va a entrar en la eternidad con una recompensa mayor?

*El fuego hará la verdad evidente para todos.*

La respuesta es que antes de que todo pase por el fuego

del bema, *no tenemos forma de saberlo*. Hasta entonces, solo Dios conoce lo que valen las obras que cada persona hizo para Él. Por eso Pablo exhortaba a los cristianos diciéndoles: «Así que, no juzguéis nada antes de tiempo, hasta que venga el Señor... y entonces cada uno recibirá su alabanza de Dios» (1 Corintios 4:5).

Solo después de la prueba del fuego vamos a ver por fin cuánto ha significado la vida de una persona para la eternidad. El fuego va a hacer que la verdad sea evidente para todos. Y cuando lo veamos, estaremos totalmente de acuerdo con el juicio de Jesús, y la recompensa o pérdida que le siga.

## El oro como criterio

Usted se deberá estar preguntando qué hará que una obra se queme como la paja, o permanezca como el oro. Es evidente que el fuego tendría que probar no solo *lo que hemos hecho*, sino también *cómo* y *por qué* lo hemos hecho.

En el capítulo anterior, pintamos un retrato para mostrar el aspecto que tiene una vida que Dios recompensa. Pero Jesús dijo que la buena conducta genuina comienza siempre en el corazón (Lucas 6:43-45).

Piense en las tres pruebas siguientes —sacadas todas de las enseñanzas de Jesús— como el criterio de oro para evaluar si lo que usted está haciendo por Dios va a permanecer:

1. *La prueba de la relación.* Tal vez sea para usted un alivio saber que la vida que Dios recompensa no tiene que ver con la actuación alejada de una relación con Jesús. De hecho, lo opuesto es lo cierto. Jesús dijo que sus seguidores, a menos que permanezcan cerca de Él y obedezcan sus mandatos, no llevarán «mucho fruto» para Él: «Porque separados de mí nada podéis hacer» (Juan 15:5).

   En el Apocalipsis, Jesús elogia a la Iglesia de Éfeso por sus muchas obras buenas, pero se lamenta de que no hayan mantenido vivo su amor por Él. Dice: «Yo conozco tus obras, y tu arduo trabajo y paciencia.... Pero tengo contra ti, que has dejado tu primer amor» (2:2, 4).

2. *La prueba de la motivación.* Jesús dijo: «Guardaos de hacer vuestra justicia delante de los hombres, para ser vistos de ellos; de otra manera no tendréis

recompensa de vuestro Padre que está en los cielos» (Mateo 6:1). ¿Cuál debe ser nuestra motivación? Servir a Dios y darle gloria. Incluso acciones tan corrientes como comer y beber le pueden dar gloria (1 Corintios 10:31). En cambio, nuestras acciones más «religiosas» carecen de valor alguno si nuestra motivación es levantar nuestro propio ego y nuestra reputación.

3. *La prueba del amor.* Las verdaderas buenas obras siempre se centran en un sincero intento por mejorar el bienestar de otro. Jesús dijo: «Amad, pues, a vuestros enemigos, y haced bien, y prestad, no esperando de ello nada; y será vuestro galardón grande, y seréis hijos del Altísimo; porque él es benigno para con los ingratos y malos» (Lucas 6:35). En su famoso pasaje sobre el amor, Pablo señala que sin amor, las buenas obras no benefician a quien las hace: «Y si repartiese todos mis bienes para dar de comer a los pobres, y si entregase mi cuerpo para ser quemado, y no tengo amor, de nada me sirve» (1 Corintios 13:3).

Aunque es importante recordar que cuanto hagamos para Dios será juzgado en el bema, no tenemos por qué sentirnos ansiosos sobre si una obra no va a pasar la prueba del bema a causa de algo sobre lo cual nunca supimos nada. Jesús no utilizará en el juicio criterio alguno que no haya revelado con claridad en las Escrituras, y no nos haya dado por su Espíritu el poder suficiente para cumplirlo (2 Pedro 1:2-4).

Entonces, ¿qué quiso decir Pablo con las palabras *sufrir pérdida*?

## «¿CÓMO PUEDO 'SUFRIR PÉRDIDA' EN EL CIELO?»

El pasaje de 1 Corintios 3 que habla de la prueba del fuego termina con una visión de futuro bastante grave: «Si la obra de alguno se quemare, él sufrirá pérdida, si bien él mismo será salvo, aunque así como por fuego» (v. 15).

Esta es la parte de nuestro futuro que tan pocos creyentes que yo conozca han captado jamás: Cuando comparezcamos ante el bema de Jesús, *podremos sufrir pérdida.*

¡Qué pensamiento tan sorprendente! ¿Es posible que un verdadero seguidor de Jesús —aunque su salvación no esté en peligro en el bema— pueda

*Aquel día*

entrar a la eternidad con pocas buenas obras que mostrar por todo el tiempo que vivió en la tierra?

Sí. Eso es exactamente lo que podría suceder, según estos pasajes.

A partir de estos textos se ve con claridad que usted podría hacer una obra, y después perder la recompensa por ella. No en balde el apóstol Juan nos advirtió: «Mirad por vosotros mismos, para que no perdáis el fruto de vuestro trabajo, sino que recibáis galardón completo» (2 Juan 1:8).

No en balde también, rogaba: «Y ahora, hijitos, permaneced en él, para que cuando se manifieste, tengamos confianza, para que en su venida no nos alejemos de él avergonzados» (1 Juan 2:28).

Con todo, la principal razón de ser del bema no es la pérdida, sino la ganancia. Aunque las consecuencias de unas oportunidades no aprovechadas y una recompensa perdida nos acompañarán por toda la eternidad, el pesar o la vergüenza que pudiéramos experimentar no lo harán. ¿Cómo puedo estar seguro? Porque la Biblia promete que «enjugará Dios toda lágrima de los ojos de ellos» (Apocalipsis 21:4).

*Lo voy a dejar ahora con una sorpresa más: Jesús quiere que usted se quede con todo.*

La sorprendente verdad es que, pase lo que pase en el bema, Jesús no lo va a amar ni menos ni más por toda la eternidad, que cuando compró la vida de usted con su propia sangre, o que ahora mismo, mientras lee este libro.

Amigo, únase conmigo y vivamos con todo el corazón para un día de celebración, y no de desilusión, ante el bema. No hay recompensa terrenal que se pueda comparar al placer de ver un gozo sin obstáculos en el rostro de nuestro Salvador mientras revisa la obra de nuestra vida, y se inclina después hacia nosotros para favorecernos con la recompensa que Él más nos quiere dar.

## Una recompensa para guardarla

En ese momento, cuando Jesús nos dé la recompensa por nuestra vida, cuando veamos y comprendamos finalmente y por completo todo cuanto Dios ha hecho por nosotros, en nosotros y por medio de nosotros —y sepamos plenamente que sin Él no habríamos podido hacer ni una sola obra elogiable para Él—, nuestra abrumadora respuesta será gritar para darle gracias y alabarlo.

En ese momento, movido por puro gozo y gratitud, usted va a querer caer en adoración a los pies del Señor Jesús y devolverle todo lo que Él le acaba de dar. Pero lo voy a dejar por ahora con una sorpresa más.

Jesús quiere que usted se quede con todo.

Como veremos en el próximo capítulo, su plan es que usted disfrute sus recompensas y haga buen uso de ellas por el resto de la eternidad. La suposición popular de que vamos a lanzar nuestras coronas ante Cristo se basa en una lectura bien intencionada, pero errónea, de Apocalipsis 4:10-11. En este texto vemos a un grupo concreto de ancianos adorando a Dios a base de arrojar sus coronas a los pies de Él. Sin embargo, el contexto muestra que estos ancianos no representan a todos los creyentes. Y los versículos muestran que su acto de adoración —lanzar sus coronas— se repite una y otra vez por toda la eternidad.

Usted también, como esos admirados adoradores, ¿querrá responderle a Dios sin reservas una vez que vea su asombroso poder y su amor? ¡Por supuesto!

Pero el *miszós* y el *apodídomi* de Jesús no son recompensas momentáneas, sino *eternas,* consecuencias permanentes de su decisión de servirle durante su breve estadía en la tierra, y prueba eterna de su amor sin límites. Una de las imágenes más dramáticas de las recompensas que permanecen para siempre es la que aparece en Daniel 12:3: «Los entendidos resplandecerán como el resplandor del firmamento; y los que enseñan la justicia a la multitud, como las estrellas a perpetua eternidad».

Y sus recompensas son suyas también a perpetua eternidad.

Si está pensando que, por maravillosas que parezcan, no se puede imaginar que necesite o quiera más recompensa que el cielo mismo, prepárese a recibir una sorpresa. En los dos capítulos próximos, le mostraré a partir de las palabras de Jesús que las recompensas que usted reciba en el cielo van a determinar en gran parte lo que usted *haga* allí en realidad.

Y lo que usted más va a querer hacer en el cielo, tal vez sea la más grande de todas las sorpresas.

#  5

# LA PREGUNTA DE SU VIDA

*Pero no será así entre vosotros, sino que el que quiera hacerse grande entre vosotros será vuestro servidor.... Porque el Hijo del Hombre no vino para ser servido, sino para servir, y para dar su vida en rescate por muchos.*
Jesús, en Marcos 10:43, 45

Cuando usted llegue al cielo, ¿cuál le parece que va a ser su deseo más poderoso? Hicieron falta ocho mil hombres para darme una idea.

Yo formaba parte de una inmensa multitud de hombres cristianos reunidos en el cavernoso estadio Silverdome, de Detroit. Cuando terminó de hablar el orador, el equipo de adoración entró para dirigirnos en el himno «Santo, Santo, Santo».

Lo que comenzó como una tranquila repetición, fue aumentando en volumen con cada verso. Cuando terminamos el himno, comenzamos de nuevo, esta vez más alto. Finalmente, parecía que el estadio se estremecía, desde el campo de juego hasta la grada más lejana, con el sonido de nuestra adoración.

*¡Santo, santo, santo! Dios omnipotente,*
*Siempre el labio mío loores te dará.*
*¡Santo, santo, santo!...*

Lo cantamos de rodillas. Lo cantamos con los brazos en alto. Lo cantamos con el rostro echado hacia atrás y con toda la fuerza de nuestros pulmones. La adoración siguió y siguió, hasta que todos perdimos noción del tiempo y las puntas de nuestros dedos parecían tocar el borde del cielo. En el mismo momento en que me parecía que el volumen iba a hacer estallar el techo del estadio, la arena resonó con unos atronadores aplausos para Dios.

Pensé que aquel hermoso y fuerte sonido se parecía mucho al cielo.

*La pregunta de su vida*

Yo nunca había ido tan profundo en mi propia alma para adorar al Señor. Sin embargo, mientras más profunda se volvía mi expresión de adoración, más urgido me sentía por hacer algo más. Hubo un momento en que me volví a un amigo y le grité: «Quiero adorar con mayor profundidad, pero no encuentro ningún lugar donde ir!»

*Anhelaremos desesperadamente hacer algo más.*

Años más tarde, el sonido de las voces de aquellos hombres unidos en alabanza sigue repitiéndose como un eco en mi memoria. Recuerdo también lo que sentí en mi propio corazón aquel día. Y me puedo imaginar que, cuando esté adorando en la presencia misma de Dios con una incontable muchedumbre, lo sentiré cien veces más. Por eso creo que en el cielo voy a sentir algo parecido a... la *desesperación*.

¿Le sorprende la palabra?

Cuando usted y yo comparezcamos ante la presencia de Dios —conociendo y viendo quién es Él y todo lo que ha hecho en su soberano poder para llevarnos desde el nacimiento hasta «aquel día»— derramaremos nuestra gratitud y alabanza a Él, haciendo gozosos cuanto podamos por sacudir las gradas del cielo.

Pero estoy convencido de que vamos a anhelar con desespero el poder hacer algo más.

De eso es de lo que habla este capítulo.

Lo que usted va a anhelar

Las palabras y el ejemplo de Jesús, junto con mi experiencia en el Silverdome, me han convencido de que *en el cielo vamos a anhelar servir de una manera desesperada*.

Cuando veamos a nuestro Salvador, seremos arrebatados en un anhelo consumidor, y tan eterno como la eternidad, por responderle en amor, y la adoración y la alabanza no van a ser suficientes. Querremos *hacer* algo por Él.

*A Dios tampoco le bastan las palabras.*

Piénselo: Cuando usted y yo amamos a alguien con todo el corazón, las palabras son maravillosas y valiosas, pero nos sentimos llevados a ir más allá de las palabras y pasar a la acción. Anhelamos dar, ayudar, proteger, servir.

A Dios tampoco le bastaron las palabras. Amaba tanto a todos los seres humanos de este mundo, que hizo algo drástico: Dio a su Hijo para salvarnos (Juan 3:16). Y Jesús dijo que la mayor expresión del amor consiste en hacer algo: «Poner la vida por los amigos» (Juan 15:13).

En este capítulo veremos la conexión directa que existe entre lo bien que administremos nuestra vida para Dios en la tierra, y lo mucho que el Señor nos permitirá en su bondad que lo sirvamos en el cielo.

## La pregunta de su vida

Una y otra vez, Jesús relató historias acerca de siervos encargados de cuidar valiosas pertenencias de su amo (por ejemplo, dinero, campos o viñedos). Hay una palabra que nos ayuda a describir este papel, y la Biblia la utiliza: *mayordomo*.

¿Qué distingue al mayordomo del siervo? Los dos sirven a alguien, los dos tienen una responsabilidad, y los dos trabajan por un sueldo. La diferencia está en que el mayordomo ha sido encargado de administrar las propiedades de su amo. En los relatos de Jesús vemos con frecuencia un esquema: Al siervo/mayordomo se lo encarga de administrar algo importante para su amo, mientras el amo se halla fuera durante un extenso período de tiempo.

Imagínese los sucesos clave del servicio de un mayordomo dentro de una línea de tiempo:

*Principio* .............................. *Fin*

| El mayordomo recibe el encargo | El amo se marcha | La oportunidad del mayordomo | El amo regresa | La recompensa del mayordomo |
|---|---|---|---|---|

Es fácil identificar el paso en el cual el mayordomo tiene la oportunidad de fracasar, o de triunfar en su misión, y causar un impacto en su futuro; es su «oportunidad».

Jesús contó parábolas acerca de mayordomos por una razón concreta e importante: Él se iría pronto. Durante su ausencia, les delegaría el «negocio» de su reino en la tierra a sus seguidores. Estos recibirían la misión de emplear su vida en aumentar grandemente su Reino. En el futuro, regresaría, pediría cuentas y recompensaría a sus siervos, «a cada uno conforme a sus obras» (Mateo 16:27).

Si usted es cristiano, se halla en las mismas circunstancias que los primeros seguidores de Jesús.

Su Amo le ha encomendado la misión de administrar una propiedad suya. Esa propiedad es su vida: el conjunto de sus talentos, puntos fuertes, personalidad e intereses. Su oportunidad consiste en administrar su vida de tal forma, que cause un gran aumento en el Reino de su Amo. Él no ha vuelto aún, y cada día usted debería responder a esta pregunta:

*¿Cómo voy a administrar lo que mi Amo ha puesto a mi cuidado?*

De hecho, todos los días usted *está* respondiendo a esta pregunta. En las palabras que vamos a ver, esta verdad se hace callada, pero claramente obvia. Tanto si usted actúa de manera intencional según la misión que se

*¿La labor encargada a los mayordomos?*
*«Negociad entre tanto que vengo».*

le ha encomendado, como si no, está decidiendo con sus acciones y actitudes la forma en que va a administrar para Dios sus oportunidades.

Puesto que nuestro Amo no está físicamente presente, una buena mayordomía exige fe siempre. Fe en que nuestro Amo es quien Él dijo ser, fe en que aquello que Él nos pidió que hiciéramos es importante ahora, y lo será cuando Él regrese, y fe en que Él *va a regresar*.

No es de extrañarse que la Biblia use la palabra *fiel* más que ninguna otra para describir la conducta de un buen administrador. Pablo dijo que la primera era prácticamente la definición de la segunda: «Ahora bien, se requiere de los administradores, que cada uno sea hallado fiel» (1 Corintios 4:2).

## «Negociad entre tanto que vengo»

Las dos parábolas más conocidas de Jesús sobre la mayordomía, la de las minas y la de los talentos, comienzan ambas con gente común y corriente, en situaciones también comunes, pero entran pronto en un territorio sorprendente.

*La pregunta de su vida*

En la parábola de las minas, que aparece en Lucas 19, un hombre noble debe salir de la ciudad. Llama a diez siervos, y le da una «mina» (cerca de tres años de sueldo) a cada uno. ¿La labor encargada a los mayordomos? «Negociad entre tanto que vengo» (v. 13).

Cuando el noble regresa, los llama a rendirle cuentas. El primer siervo le informa que ha invertido la mina que le había dado y se ha multiplicado por diez. El amo le responde: «Está bien, buen siervo; por cuanto en lo poco has sido fiel, tendrás autoridad sobre diez ciudades» (v. 17).

El segundo siervo le informa que ha multiplicado su inversión por cinco, y el maestro le da una recompensa exactamente proporcionada: «Tú también sé sobre cinco ciudades» (v.19). Lo notable aquí es lo que el amo *no le dice* a este. No le dice: «Está bien», ni «buen siervo»; ni siquiera «por cuanto en lo poco has sido fiel». Este nivel inferior de elogio muestra que el Amo sabía que aquel siervo habría podido hacer más para multiplicar su mina.

El tercer mayordomo se limita a devolverle la mina que le ha dado, explicándole que ha guardado el dinero escondido en un lugar seguro de su casa.

Imagínese su vergüenza cuando el Amo lo llama «mal siervo» (v. 22), le quita su mina y se la da al siervo que ya tenía diez. El noble explica su actuación con una declaración asombrosa: «Pues yo os digo que a todo el que tiene, se le dará; mas al que no tiene, aun lo que tiene se le quitará» (v. 26).

¿Le parece justa la reacción del hombre noble?

Cuando enseño esta parábola, los oyentes se suelen apresurar a defender al tercer siervo. «¿Acaso no estaba actuando con cautela? —dicen—. Además, él no *perdió* nada». Sin embargo, poco después, a medida que vamos hablando de la forma en que tomamos nuestras decisiones como padres, administradores o dueños, llegamos a estar de acuerdo: Invariablemente, le damos la mayor oportunidad para el futuro a aquel que ha demostrado ser el más productivo con la oportunidad del presente.

*Los oyentes se suelen precipitar a defender al tercer siervo.*

*La pregunta de su vida*

Por fortuna para nosotros, la parábola de Jesús presenta las reacciones de los tres administradores, y podemos descubrir ideas transformadoras en cada una de ellas.

## Unas grandes expectaciones

Veamos tres creencias erróneas sobre la mayordomía que son corrientes entre los cristianos de hoy, con la correspondiente verdad que Jesús quiere que veamos:

- Pensamos que aunque Dios nos dio nuestros dones y talentos, no le molesta que no les saquemos el mejor partido posible a todas las oportunidades.

En cambio, la *Verdad del primer mayordomo* nos muestra que Dios espera de nosotros que tomemos los recursos que haya en nuestra vida y *los multipliquemos grandemente* para su Reino.

- Pensamos que si Dios nos recompensa por servirlo, su recompensa será un elogio general que se podrá aplicar a todos por igual, y no va a cambiar nuestras oportunidades futuras en su Reino.

En cambio, la *Verdad del segundo mayordomo* es que Dios va a recompensar lo que hagamos para Él, pero lo va a hacer en *proporción directa* a lo mucho que hayamos multiplicado nuestra vida por Él. Su reacción va a tener un impacto fuerte y eterno en nuestro futuro.

- Pensamos que si no servimos a Dios con lo que Él nos ha dado, lo peor que podría suceder sería que no recibiéramos recompensa.

En cambio, la *Verdad del tercer mayordomo* es que si no usamos lo que Dios nos ha encomendado cuidar para Él, *sufriremos pérdida*, tanto de la recompensa en potencia que habríamos podido ganar, como de la oportunidad de servir a Dios más plenamente en la eternidad.

## El hombre de las diez minas

Recuerdo el momento en que las radicales consecuencias de estas verdades se abrieron paso en mi mente y mi corazón. Aunque estaba muy familiarizado con la parábola, nunca me había preguntado: *¿Soy un mayordomo de diez minas?*

Esta pregunta dio inicio a una temporada de grave reevaluación y cambios radicales en mi vida. Por fin, logré abrirme paso en la situación. Tomé la decisión de creer que, puesto que el propósito de Dios para mí era una vida de diez minas, tomaría esto como la mejor medida de mayordomía en mi vida. Me comprometí con Dios a convertirme con su gracia en un hombre de diez minas para Él.

Pero tal vez en estos momentos usted piense: *No tengo muchos talentos ni oportunidades, así que, ¿cómo le puedo traer a Dios tantas ganancias con mi vida? Además, ¿significa esto que no voy a tener la oportunidad de servirlo mucho en la eternidad?*

Jesús da una respuesta alentadora en la parábola de los talentos (Mateo 25:14-30). El relato sigue el mismo esquema que la parábola de las minas. Esta vez, a los tres mayordomos se les dan *cantidades diferentes* de dinero, «a cada uno conforme a su capacidad» (v. 15).

En este caso, dos de los siervos duplican lo que han recibido. Sin embargo, cuando el amo regresa, les hace a ambos *el mismo elogio* y les da *la misma recompensa.* ¿Por qué? Porque la recompensa de un siervo se basa en los resultados totales a la luz de su potencial. El amo les dice a ambos siervos lo mismo:

> *Bien, buen siervo y fiel; sobre poco has sido fiel, sobre mucho te pondré; entra en el gozo de tu señor.*
>
> vv. 21, 23

De igual forma, Jesús nos recompensará a usted y a mí a partir de lo que cada uno de nosotros hizo con lo que recibió.

¿Es usted costurera, o líder de una nación? ¿Trabajador de fábrica o madre joven? ¿Pastor de una iglesita de aldea o constructor? Todos los discípulos tienen ahora la misma oportunidad en cuanto a productividad, y la misma oportunidad después en cuanto a una gran recompensa. De hecho, su futuro es tan prometedor e importante, como el futuro de la persona mejor dotada de la historia.

Para Sheila, madre con hijos pequeños, vivir al estilo de las diez minas ha significado convertir unas intenciones sinceras en un plan inteligente: un grupo semanal de amistad para las madres jóvenes que luchan y se esfuerzan en su vecindario.

Para Mark, urbanizador de Arizona, vivir al estilo de las diez minas ha significado redefinir lo que significa «el negocio». Cada vez ordena mejor su carga de trabajo para poder pasar la mayor parte de su tiempo proporcionando servicios de construcción sin costo alguno a proyectos misioneros en América Central.

Para Jennifer, que se quedó ciega a los quince años, vivir al estilo de las diez minas ha significado que sus límites se han convertido en puntos de partida. Ahora llama a su ceguera «mi difícil don», y está alcanzando a miles de personas por medio de la música y de sus conferencias.

Espero que nunca vuelva a pensar en que servir a Dios con fidelidad consiste simplemente en no pecar demasiado, no hacer nada extraordinario, o simplemente, no darse por vencido. La verdadera fidelidad del mayordomo se halla mucho más cerca de una *extraordinaria y sobresaliente actuación empresarial*.

## La recompensa del mayordomo

Comencé este capítulo diciéndole por qué creía que vamos a anhelar con desesperación servir a Dios en el cielo. El lenguaje de entrega de un siervo consiste en *hacer*. En el cielo, el hecho de tener más oportunidades para hacer la voluntad de Dios por medio de un amoroso servicio va a ser nuestra recompensa mayor.

Exactamente, ¿*cuánta* oportunidad recibirán los mayordomos fieles en el cielo? Tanta, que en el Reino del cielo, que funciona a la inversa de lo que tenemos en la tierra, la palabra más alta para hablar de servir es *gobernar*. Podemos rastrear esta sorprendente inversión hasta el huerto del Edén. Recuerde que en la creación, Dios hizo tanto al hombre como a la mujer para que realizaran una tarea en particular: servirlo a Él en la tierra administrando su creación. Jesús confirmó este propósito cuando les dijo a sus discípulos que su recompensa en los cielos por haberle servido aquí, sería sentarse en

*El lenguaje de entrega de un siervo consiste en hacer.*

*La pregunta de su vida*

doce tronos para juzgar a las tribus de Israel (Mateo 19:28).

Gobernar en el cielo es algo que no va a tener *nada* en común con la corrupción y la manipulación que estamos tan acostumbrados a ver en las manifestaciones de poder en la tierra. Cuando desaparezca la maldición del pecado, y usted y yo seamos restaurados al propósito para el que fuimos creados, quedaremos libres, a fin de que gobernemos para Dios al máximo de nuestros poderes, mientras solo buscamos para nosotros y para los demás el bien mayor.

*La misión que usted ha recibido de Jesús es tan grande como el mundo.*

El hecho de gobernar es también la recompensa por servir que vemos en las parábolas de Jesús sobre los mayordomos fieles. ¿Ya lo había observado? En la parábola de la mina, la recompensa más alta por servir era «tener autoridad sobre diez ciudades» (Lucas 19:17). Y en la parábola de los talentos, la recompensa es parecida: «Sobre mucho te pondré» (Mateo 25:21, 23).

Sirva con fidelidad aquí, y gobierne a la perfección allí.

Amigo, lo exhorto a ver hoy su verdadero llamado y aprovechar la oportunidad que tiene enfrente mismo de usted. No malgaste un día más, contentándose con menos. La misión que usted ha recibido de Jesús es tan grande como el mundo (Marcos 16:15). Su oportunidad es ahora mismo. Sírvale con fidelidad en la tierra, y estará maravillosa, plena y perfectamente preparado para hacer lo que va a anhelar hacer con desespero en el cielo.

Y en aquel día, oirá Jesús le dice desde su corazón: «Bien, buen siervo y fiel... entra en el gozo de tu señor».

# 6

# El Dios que devuelve

*No os hagáis tesoros en la tierra, donde la polilla y*

*el orín corrompen, y donde ladrones minan y hurtan;*

*sino haceos tesoros en el cielo, donde ni la polilla ni el orín*

*corrompen, y donde ladrones no minan ni hurtan.*

Jesús, en Mateo 6:19-20

Me estaba tomando un descanso durante una conferencia para familias en un lugar de Kentucky, cuando se me acercó Will y se detuvo junto a mi silla. Tendría unos nueve años. Me preguntó si quería dar algo para un proyecto misionero.

—¿Para qué vas a usar mi dinero? —le pregunté.

Will me enseñó una radio.

—Esta radio funciona con energía solar —me dijo con orgullo—. Es para gente que vive en la selva. Pueden escuchar este radio para aprender cosas y oír hablar de Jesús.

De inmediato decidí hacerle una oferta a Will.

—Vamos a hacer una cosa —le dije—. Yo te voy a dar dinero para tu proyecto, pero tengo una regla que dice que tú tienes que dar dinero primero.

En una de sus tarjetas de donación, escribí mi proposición.

*Will,*
*Si tú das entre uno y cinco dólares,*
  *Yo voy a dar el doble de lo que tú des.*
*Si tú das entre seis y diez dólares,*
  *Yo voy a dar el triple de lo que tú des.*
*Si tú das entre once y veinte dólares,*
  *Yo voy a dar cuatro veces lo que tú des.*

Firmé, y Will leyó la tarjeta. Cuando terminó de leer, tenía los ojos bien abiertos. Entonces, se le demudó el rostro de repente, y se quedó mirando al suelo.

—¿No te gusta mi idea? —le pregunté.

—Sí... —me dijo, arrastrando los pies.

—Entonces, ¿qué vas a hacer?

—Nada.

*El Dios que devuelve*

—¿Nada?

—No puedo —me dijo—. Ya di todo lo que tenía.

Yo sentí dolor en el corazón.

—¿Quieres decirme que pusiste todo tu dinero en tu propio proyecto? —le pregunté.

Él asintió con la cabeza.

—¿O sea, que no puedes comprar más golosinas durante el resto de la conferencia?

Asintió de nuevo. En ese momento, supe lo que tenía que hacer.

—En realidad, Will —le dije. Yo también tengo una regla que dice que si tú das todo lo que tienes, entonces yo doy también todo lo que tengo.

Sucedía que acababa de ir a un banco para extraer una cantidad considerable de dinero que iba a usar en el viaje. Busqué mi maletín bajo la mesa, saqué un sobre del banco lleno de billetes, y se lo di a Will.

No estoy seguro sobre quién estaba más sorprendido, Will o yo. Ahora, ambos teníamos los ojos bien abiertos, pero ambos sonreíamos con alegría.

Mi experiencia con Will ha llegado a ilustrar para mí una verdad acerca de esto de dar, que es tan sorprendente, que apenas parece posible: *Cuanto yo le dé a Dios en la tierra, Él me lo devolverá con creces en el cielo.*

En este capítulo vamos a explorar lo que dijo Jesús acerca de hacer que nuestro dinero y nuestras posesiones cuenten para la eternidad.

## Un generoso plan de equivalencia

¿Qué enseñó Jesús en realidad acerca del dinero y las posesiones?

Es posible que Pedro lo haya oído claramente por vez primera cuando oyó a Jesús diciéndole a un joven rico por qué debía dejar sus posesiones y su dinero para seguirle: «Tendrás tesoro en el cielo» (Mateo 19:21).

Cuando aquel joven rechazó el ofrecimiento de Jesús y se fue, Pedro se adelantó para hacer una pregunta obvia:

> *He aquí, nosotros lo hemos dejado todo, y te hemos seguido; ¿qué, pues, tendremos?*
>
> v. 27

Me encanta el hecho de que Jesús no reprendiera a Pedro por hablar de sus propios intereses.

También sonrió para decirle: «En realidad, no hablaba *en serio* acerca de eso de un tesoro en el cielo». Lo que hizo fue darle una respuesta muy reveladora. Le dijo que él y los demás discípulos gobernarían la nación de Israel cuando Él estableciera su Reino. Después dijo que el que lo deje todo para seguirlo será recompensado al ciento por uno (Mateo 19:29).

¡El ciento por uno es el equivalente a unas ganancias del diez mil por ciento!

Ahora podrá ver que lo sucedido a aquel niño de nueve años llamado Will solo es una sugerencia sobre el asombroso plan de Dios de recompensar a todo creyente que sacrifique tesoros en la tierra para servirle. De repente, mi «generoso» equivalente a la donación de Will parece raquítico comparado con la extravagante promesa de Dios.

## LO QUE DIJO JESÚS QUE USTED DEBE HACER CON SUS TESOROS

Tal vez la enseñanza de Jesús más conocida sobre los tesoros sea la que aparece en el Sermón del Monte:

*No os hagáis tesoros en la tierra, donde la polilla y el orín corrompen, y donde ladrones minan y hurtan; sino haceos tesoros en el cielo.*

MATEO 6:19-20

Si usted se crió en la iglesia, como yo, tal vez suponga que estos versículos hablan de que las cosas espirituales son más importantes que las terrenales. Pero Jesús estaba hablando claramente de tesoros reales, y de la forma de conservarlos. Usó la misma palabra para describir los tesoros reales en la tierra, que los tesoros reales en el cielo (traducida *zesayrós* en griego). No reveló qué aspecto tendrían los tesoros del cielo, ni cómo se medirían, pero sí que *van a ser* altamente valiosos.

*Jesús hace añicos tres conceptos erróneos muy comunes acerca de la forma en que debemos pensar acerca de los tesoros.*

Suponga que su contador le diga: «Si invierte su tesoro en el Banco A, lo va a perder. Pero si lo invierte en el Banco B, lo va a conservar».

*El Dios que devuelve*

Nunca se le ocurriría pensar que mientras que su contador se refiere al dinero ganado con tanto esfuerzo cuando menciona el Banco A, se está refiriendo solo a sus tesoros espirituales cuando recomienda el Banco B. Entonces, ¿por qué tenemos que pensar que los tesoros eternos van a ser algo menos que reales y altamente deseables?

Aquí, en un solo versículo (Mateo 6:20), Jesús hace añicos tres conceptos erróneos muy comunes acerca de la forma en que debemos pensar acerca de los tesoros:

1. *Lo que usted debe hacer con su tesoro:* «hacerlo».
El verbo griego traducido como «hacer» se halla en el modo imperativo en este versículo: es un mandato de Jesús. Él quiere que usted sepa que hacer tesoro es el plan de Dios para usted, y una norma que debe obedecer.

2. *Para quién lo debe hacer: «para usted mismo».*
Cada uno de nosotros debe hacer su tesoro, de forma individual. Jesús revela que si usted no se hace un tesoro para usted mismo en el cielo, nadie se lo va a hacer. Por eso llama «necio» al hombre que nunca hizo tesoro para sí

mismo (Lucas 12:13-21). Él nunca recompensa el egoísmo, sino solo el desprendimiento. Como va a ver, para hacernos tesoros en el cielo, necesitamos primero dárselos a otros en la tierra.
3. *Dónde lo debe hacer:* «en el cielo». La ubicación es importante. Si usted se hace tesoros en la tierra, tal como señaló Jesús, serán vulnerables ante la corrupción y la pérdida. Lo cierto es que el cielo es el único lugar donde su tesoro estará a salvo.

Ya en estos momentos se preguntará: Pero, ¿para qué me van a importar los tesoros en el cielo?

Comprendo su pregunta. Sin embargo, a partir de las fuertes afirmaciones de Jesús aquí y en otros lugares, tenemos que llegar a la conclusión de que nos va a importar grandemente nuestro tesoro en la eternidad.

En el Reino de Dios, cuando haya desaparecido el pecaminoso impulso de la codicia, la envidia y la manipulación, *disfrutaremos* de nuestro tesoro, y este servirá para unos propósitos puros y llenos de significado. Como veremos, nuestro tesoro nos va a permitir servir, dar, lograr y disfrutar más para Él.

Pero hay algo muy concreto que debemos hacer: Jesús nos dijo que hagamos «transferencia bancaria» de nuestro tesoro al cielo.

## Para pasarlo de aquí a allí

Recuerdo hace años, cuando Darlene Marie y yo nos trasladamos a otro extremo del país. Mientras estábamos frente a nuestro garaje, viendo cómo se marchaba el camión de la mudada, se me ocurrió que, aparte de lo más esencial, aquel camión contenía nuestras pertenencias más importantes y nuestros tesoros personales. Puesto que nuestro plan era seguirlo en auto después, no veríamos de nuevo nuestras posesiones hasta semanas más tarde, cuando llegáramos a nuestro nuevo hogar.

La forma en que enviamos el tesoro de nuestra vida al cielo se parece mucho a esto. Nos quedamos detrás con lo más esencial. Pero las pertenencias reales —si queremos mantener su valor por toda la eternidad— deben ir por delante de nosotros.

Piénselo como el plan de mudanza de Dios: *Para trasladar su tesoro al cielo, lo tiene que enviar por delante de usted.*

¿Cómo logramos esto? Un día, Jesús les explicó a sus discípulos su plan de mudanza:

> *Vended lo que poseéis, y dad limosna; haceos bolsas que no se envejezcan, tesoro en los cielos que no se agote, donde ladrón no llega, ni polilla destruye.*
>
> Lucas 12:33

Este versículo muestra con claridad el enlace entre una acción relacionada con los tesoros en la tierra, y las consecuencias de esa acción en el cielo. Si «dan limosna» ahora, les dijo Jesús a sus amigos, en realidad «se están haciendo algo valioso para más tarde: un tesoro en los cielos».

Espero que para usted sea evidente que Jesús no les estaba diciendo a sus discípulos que los tesoros no importan, o que Él no quería que tuvieran ninguno. Es lo contrario. Quería que hicieran tesoros para sí mismos, *porque* sabía que los tesoros van a ser importantes en la eternidad, y quería que tuvieran mucho allí.

Pablo le dijo a Timoteo que les ordenara a los miembros en buena posición de su iglesia que fueran «ricos en buenas obras, dadivosos, generosos; *atesorando para sí buen fundamento para lo por venir* (1 Timoteo 6:18-19).

Observe el esquema de la enseñanza: Los seguidores de Jesús deben almacenar «para sí», y la razón se encuentra en el enlace indestructible: su acción afecta a «lo por venir».

¿Quiere almacenar «tesoro en los cielos que no se agote»? Entonces, sométalo a las prioridades de Dios aquí. Es la única forma.

## Todo cuanto tiene es prestado

Tal como sería de esperar, los principios de la mayordomía (responsabilidad, fidelidad, crecimiento y potencial) se aplican a nuestro tesoro.

En una de sus enseñanzas acerca del dinero y las posesiones en el cielo, Jesús dijo:

*El que es fiel en lo muy poco, también en lo más es fiel; y el que en lo muy poco es injusto, también en lo más es injusto. Pues si en las riquezas injustas no fuisteis fieles, ¿quién os confiará lo verdadero? Y si en lo ajeno no fuisteis fieles, ¿quién os dará lo que es vuestro?*

Lucas 16:10-12

Aquí describe Jesús cómo puede triunfar un administrador con el dinero ajeno. No nos sorprendemos al notar que usa cuatro veces la palabra *fiel*.

Lo sorprendente es lo que Jesús le promete al administrador fiel del tesoro. No es, como sería de esperar, que va a administrar más tesoros en los cielos, sino que el tesoro va a ser *suyo*. En lugar de tener las «riquezas injustas» de la tierra, usted tendrá las «riquezas verdaderas» del cielo; en lugar de administrar «lo que es de otro», tendrá «lo suyo propio».

En otras palabras, si actúa bien con lo que *cree* suyo ahora, obtendrá lo que es *realmente* suyo más tarde.

## La suma de sus oportunidades

Es probable que usted pueda buscar en su círculo de conocidos, y hallar sus propios ejemplos favoritos de gente que ha dado tesoros terrenales. He aquí unos pocos entre los míos:

- Marcellus les regaló toda su ropa a los hombres sin hogar (y Marcellus es un hombre de un gusto excepcional en cuanto a la ropa).
- Ira y Francis hicieron efectivo un fondo de retiro para sostenerse mientras trabajaban de voluntarios a jornada completa en un programa de tratamiento para drogadictos.
- Siete hombres se afeitaron todo el cabello para mostrar su apoyo a un amigo agonizante que había perdido el cabello a causa de los tratamientos de cáncer.
- Mariba le regaló su cuadro más preciado a una amiga desalentada.
- Nathan y Anna vendieron su gran casa y buscaron otra más pequeña a fin de liberar unos fondos de tamaño sustancial para la obra de Dios.

Por grande o pequeña que sea su ofrenda, puede poner en movimiento su vida respondiendo a dos sencillas preguntas:

1. *«¿Qué tesoro me ha dado Dios?»* El mismo principio del potencial que vimos en el capítulo

anterior se aplica también a la administración de tesoros. Dios evalúa la fidelidad a partir de nuestro potencial: cuánto damos de lo que Él nos ha encomendado. Jesús elogió a la viuda por dar sus moneditas, porque en proporción, había dado mucho más que los ricos (Lucas 21:4).

2. *«¿Qué me está pidiendo Dios que haga con mi tesoro?»* Después de darle a la Iglesia, pídale a Dios que lo guíe acerca de dónde más dar. No todas las inversiones son igualmente buenas. Pregúntese qué es lo que más le importa a Dios. Por ejemplo, dirigir sus ofrendas hacia un fondo cívico destacado lo va a agradar tanto como entregarlas al fondo de misiones de su iglesia?

*La solución es sencilla; tal vez difícil, y absolutamente transformadora.*

La gente que he conocido que ha sido más fiel con su dinero es también la más libre de sus enredos. Estas personas son las que yo más admiro, porque comprenden que si uno no le sirve a Dios con su dinero, va a terminar sirviendo al dinero mismo.

## Un amo rival

El tesoro con el cual Dios le pide que lo sirva es la fuerza misma de su vida que amenaza su lealtad a su Amo. Jesús dijo:

> *Ningún siervo puede servir a dos señores;*
> *porque o aborrecerá al uno y amará al otro,*
> *o estimará al uno y menospreciará al otro.*
> *No podéis servir a Dios y a las riquezas.*
>
> Lucas 16:13

Cuando usted sirve a Dios, está usando el dinero de Dios para cumplir los deseos de Él. Pero cuando sirve al dinero, está usando el dinero de Dios para cumplir sus propios deseos. Y cuando alguien hace esto, es inevitable que siga sus instintos humanos y trate de mantener su dinero *aquí*.

Pero Jesús dijo: «Porque donde esté vuestro tesoro, allí estará también vuestro corazón» (Mateo 6:21).

Así que permítame preguntarle: ¿Dónde se halla su corazón en estos mismos momentos? Si usted no está invirtiendo su tesoro voluntaria y generosamente en el Reino de Dios, le puedo asegurar que se debe a que su corazón no está allí.

*Una vida recompensada por Dios*

La solución es sencilla; tal vez difícil, y absolutamente transformadora. No espere que su corazón se mueva por sí solo, amigo mío, porque es posible que nunca llegue a suceder. En lugar de esto, aplique a su vida lo que ha aprendido en las palabras de Jesús. Comience a trasladar hoy su tesoro hacia lo que realmente importa en el cielo... y su corazón lo seguirá.

# 7

# LA PRIMERA LLAVE

*Porque no envió Dios a su Hijo al mundo para condenar al mundo, sino para que el mundo sea salvo por él.*

JESÚS, EN JUAN 3:17

Rudy tenía ese aspecto especial. Su esposa me lo acababa de presentar a la entrada de la iglesia, y de repente se marchó «inesperadamente» para atender otros asuntos. Allí se quedó Rudy, sintiéndose extraño, con las manos metidas en los bolsillos. Estoy seguro de que habría dado la mitad de los ahorros de toda su vida por librarse de mi presencia.

Le sonreí, y le pregunté en qué lo podía ayudar.

—Mi esposa quiere que me meta en la religión —me dijo, barriendo la alfombra con la punta del zapato.

Le pregunté por qué. El sonrió y me dijo:

—Para que no me vaya al infierno.

—¿Está usted haciendo planes para irse al infierno de un momento a otro? —le pregunté.

Él me miró, y después se echó a reír. Pareció aliviado al descubrir que un maestro de Biblia pudiera tener sentido del humor.

—Veamos —le dije después—, cuando usted comparezca ante Dios, ¿qué va a impedir que vaya al infierno?

Silencio total; después Rudy rió entre dientes.

—Creo que nunca lo había pensado de esa forma —continuó vacilante—: No soy mala persona, ¿sabe? No me le ando escapando a mi esposa, como hacen algunos de mis amigos. Y trato de ser buena persona la mayor parte del tiempo...

Me decidí a ayudarle.

*Una sonrisa le cruzó el rostro. Le gustaba la forma que iba tomando mi respuesta.*

—Así que probablemente, Dios tenga una gran balanza, ¿no le parece? En uno de los platillos estarían sus pecados... porque usted peca, Rudy, ¿no es cierto?

Asintió.

Seguí hablando.

—Y en el otro estarían todas esas cosas buenas que usted hace por su esposa, sus hijos, su comunidad y demás. ¿Voy bien?

Rudy asintió con más entusiasmo.

—Y cuando Dios ponga su vida en su gran balanza, usted va a tener más cosas buenas que malas, y todo va a salir bien, ¿no es cierto?

Una sonrisa le cruzó el rostro. Le gustaba la forma que iba tomando mi respuesta. Yo le dije que todo aquello también tenía sentido para mí, pero que tenía una pregunta. Saqué la pluma y dibujé una línea como esta:

TOTALMENTE MALO ——————— TOTALMENTE BUENO
*(0 por ciento bueno)*                     *(100 por ciento bueno)*

—Está claro —le dije—, que todo lo que le hace falta es decidir cuánto más bien que mal va a necesitar para que la balanza se incline a su favor.

Le entregué mi pluma y le pedí que pusiera una *x* en la línea, para marcar cuán cerca de «Totalmente bueno» tendría que llegar a ser para poder entrar en el cielo.

Rudy estudió mi dibujo, y después comenzó a marcar una *x* cerca de donde iría el sesenta por ciento. Después recapacitó y la pasó más cerca del setenta y cinco por ciento. Entonces se detuvo a pensar de nuevo. Finalmente, sacudió la cabeza y marcó una *x* poco convincente alrededor del setenta por ciento.

Me devolvió mi pluma sin dirigirme la mirada. Yo le señalé la marca que él había hecho.

—Digamos que usted haya llegado bien hasta ese punto, Rudy, porque en realidad, usted no es una mala persona. Pero, ¿y si cuando usted se encuentre con su Hacedor, Él le revela que, lamentablemente, la *x* está más hacia la derecha; digamos en el setenta y uno por ciento. Si usted fuera bueno al setenta por ciento, pero Dios le dijera que el mínimo necesario es en realidad el setenta y uno, ¿dónde iría una persona como usted?

Se cruzó de brazos, sin mirarme aún.

—Me imagino que al infierno.

*En ese día, mi nuevo amigo alcanzó perfectamente la marca impuesta por Dios.*

*La primera llave*

—En ese caso, averiguar dónde se encuentra la verdadera *x* en esa línea sería la pregunta más importante de su vida, ¿no es cierto? —le pregunté.

Rudy gruñó para indicar que estaba de acuerdo.

—Sí; solo que no estoy demasiado seguro del lugar donde debería estar.

Yo cerré mi bloque de notas y comencé a recoger mis cosas, pero Rudy no se movía.

—¿Puedo saber dónde está la *x* exactamente? —me preguntó—. Porque necesito saberlo. Tal vez usted se podría tomar un minuto más para mostrármelo.

Yo estaba esperando que se sintiera así. Buscamos asientos en una esquina tranquila, y le mostré lo que dice la Biblia acerca de esa *x*. Comprendió, respondió... y en ese día, mi nuevo amigo alcanzó perfectamente la marca impuesta por Dios.

El nombre del problema

Los seis primeros capítulos del libro estaban centrados en la segunda llave de su eternidad; en la forma en que sus obras afectan a su recompensa en los cielos. Es hora de hablar sobre la primera. Como recordará, la primera tiene que ver con sus *creencias*: lo que usted crea determina dónde va a pasar su eternidad.

En un libro donde se ha hablado tanto acerca de lo que usted necesita *hacer* para sacarle el mayor partido posible a su vida, le va a encantar lo que aprenderá acerca de la llave de las creencias. Las enseñanzas de Jesús nos muestran que nuestras creencias obran donde nuestras obras no lo hacen, y por una razón muy importante.

*Alguien ya ha hecho la obra por usted.*

Alguien o algo había puesto en la mente de Rudy que si quería entrar al cielo, tenía un problema que solo las buenas obras podrían arreglar. Son millones las personas sensatas del mundo entero que piensan de esa misma forma. Pero según Jesús, Rudy y todos los millones más que están tratando de resolver el problema que deben resolver, lo están haciendo con la llave que no deben usar.

Permítame mostrarle lo que quiero decir.

Observe que en la mente de Rudy nunca había entrado la idea de que su posición ante Dios era segura, porque él sabía que no lo era. Tenía un problema, y era el mismo problema que estaba tratando de arreglar con sus buenas obras. El nombre del problema es «pecado». Todos sabemos por experiencia que hemos pecado repetidamente.

Pablo escribió que es Dios quien pone esa comprensión en nosotros:

*Porque la ira de Dios se revela desde el cielo contra toda impiedad e injusticia de los hombres que detienen con injusticia la verdad; porque lo que de Dios se conoce les es manifiesto, pues Dios se lo manifestó.*

ROMANOS 1:18-19

Y, puesto que Dios también nos revela su existencia y sus atributos, dice Pablo, esta comprensión de que tenemos un problema con el pecado no nos deja excusa posible:

*Porque las cosas invisibles de él, su eterno poder y deidad, se hacen claramente visibles desde la creación del mundo, siendo entendidas por medio de las cosas hechas, de modo que no tienen excusa. Pues habiendo conocido a Dios, no le glorificaron como a Dios.*

VV. 20-21

Estos versículos resumen el problema tan humano que todas las grandes religiones del mundo están tratando de resolver: *Puesto que sabemos que merecemos el juicio de Dios, ¿qué podemos hacer para enderezar nuestra situación con Él y escapar de las consecuencias de nuestro pecado?*

Algunas religiones tratan de apaciguar al mundo de los espíritus por medio de actividades como los sacrificios de animales, o el pago de dinero a un médico brujo o chamán. Hay religiones que enseñan que es posible expiar el pecado sufriendo ahora —por ejemplo, arrastrándose de rodillas durante kilómetros, o azotándose— a fin de no sufrir más tarde. Otras enseñan que podemos compensar las cosas malas que hayamos hecho a base de hacer más cosas buenas. Esa era la religión de Rudy.

Sin embargo, ninguno de estos enfoques religiosos puede resolver el problema universal del pecado. ¿Por qué? Porque se apoyan en nuestras buenas obras y, como veremos en un instante, las consecuencias de nuestro pecado son tan graves, que no hay cantidad alguna de obras buenas que nosotros hagamos, que nos puedan rescatar.

Jesús enseñó que sus obras para Dios aquí en la tierra lo pueden beneficiar grandemente en la eternidad, una vez que se haya resuelto su problema con el pecado, y el cielo sea su lugar de destino. Pero esto suscita una seria pregunta: ¿Qué valor tienen las buenas obras, si es que tienen alguno, en la eternidad, si usted no ha resuelto aún su problema con el pecado y el infierno sigue siendo su lugar de destino?

*No hay cantidad alguna de buenas obras que podamos hacer para salvarnos.*

Jesús mostró que, a pesar de que las buenas obras son inútiles en cuanto a llevar a alguien al cielo, *siguen teniendo importancia.*

## Niveles en el infierno

¿Le ha molestado alguna vez pensar que su vecino tan moralmente escrupuloso y tan bondadoso, que no cree en Jesús, vaya a sufrir lo mismo que Hitler en la eternidad? Hay algo en lo profundo de su espíritu que le dice que eso no sería justo.

Esto se debe a que no lo sería.

Si el enlace indestructible —el que dice que las acciones de la tierra tienen consecuencias en la eternidad— se aplica por igual a todas las personas, también se debería aplicar, tanto si su lugar de destino es el cielo, como si es el infierno.

*Ha llegado la hora de decirle a usted lo mismo que le dije a Rudy.*

De hecho, puesto que Jesús revela que habrá distintos niveles de recompensa en el cielo, ¿acaso no tendría sentido que un Dios justo juzgara a los no creyentes de la misma forma, con distintos niveles de retribución?

Eso es exactamente lo que dijo Jesús. Concretamente, reveló que el sufrimiento en el infierno tiene la posibilidad de aumentar, según la forma en que la persona haya vivido. Vemos esta verdad primeramente en una condenación lanzada por Él:

*Y tú, Capernaum, que eres levantada hasta el cielo, hasta el Hades serás abatida; porque si en Sodoma se hubieran hecho los milagros que han sido hechos en ti, habría permanecido hasta el día de hoy. Por tanto os digo que en el*

*La primera llave*

*día del juicio, será más tolerable el castigo para la tierra de Sodoma, que para ti.*

MATEO 11:23-24

Observe las palabras *más tolerable*. La presencia de la palabra *más* en esta frase indica que existen diferentes niveles de tolerabilidad y de juicio en el infierno.

En otra ocasión, Jesús les dijo a los fariseos que ellos «recibirían mayor condenación» por usar su posición para hacer presa de las viudas y por hacer largas oraciones fingidas (Mateo 23:14). El apóstol Pablo escribió diciendo que había quienes estaban «atesorando para ellos mismos ira para el día de la ira» (Romanos 2:5). El apóstol Juan dijo que los no creyentes serían juzgados, «cada uno según [en proporción a] sus obras» (Apocalipsis 20:13).

Pero no se confunda: Sus buenas obras nunca podrían aliviar los tormentos del infierno, de la misma forma que una mala obra (un pecado) no puede tampoco disminuir los gozos del cielo. He aquí una forma útil de recordar la verdad de los niveles en la compensación:

*El cielo nunca se hace peor, sino solo mejor;
el infierno nunca se hace mejor, sino solo peor.*

¿No va siendo hora de que usted recoja la única llave que le va a abrir la puerta del cielo? Ha llegado la hora de decirle a usted lo mismo que le dije a Rudy.

## Por qué las obras no funcionan

Rudy estaba listo para aprender dónde tenía que ir la *x*. Yo le señalé la marca del «ciento por ciento» y le dije:

—La Biblia dice que aquí es donde tiene que estar la *x*.

—¡Pero eso es imposible! —replicó Rudy—. Entonces, no hay nadie que pueda ir al cielo.

—Entonces, ¿está de acuerdo en que nadie puede ser bueno al ciento por ciento, y resolver por su propia cuenta el problema del pecado?

—Sí, supongo que sí.

—¿Y si yo le dijera que la pena del pecado —aunque sea de un solo pecado— es la muerte?

*«Bueno, eso no me parece que tendría nada de justo —me dijo—. Nadie es perfecto».*

*La primera llave*

—Bueno, eso no me parece que tendría nada de justo —me dijo—. Nadie es perfecto. Todos pecamos, pero aun así, ¿el castigo sigue siendo la muerte?

Le volví a asegurar a Rudy que estaba pensando con lógica. Entonces abrí mi Biblia y le mostré que, desde que pecaron Adán y Eva en el Huerto, la consecuencia ha sido la muerte, tanto física como espiritual. En el Génesis leímos: «Porque el día que de él comieres, ciertamente morirás» (Génesis 2:17). Y en el Nuevo Testamento, Rudy pudo ver que seguimos teniendo el mismo problema: «Porque la paga del pecado es muerte» (Romanos 6:23).

—Piénsalo de esta forma —le dije—. Digamos que yo tuviera que comparecer ante un juez y fuera sentenciado a la pena de muerte. Pero que le dijera al juez: "Por favor, señor, déjeme vivir y le prometo que le voy a prestar grandes servicios a la comunidad". ¿Funcionaría?

—¡Claro que no! —me dijo Rudy. Después de un minuto, añadió—: Así que no hay solución, ¿no es eso? No hay esperanza.

—Exacto —le dije—. No hay esperanza... —me detuve un instante antes de seguir hablando—. A menos que pueda hallar un sustituto. ¿Y si alguien se ofreciera a sustituirlo, a ocupar su lugar, cuando llegara la hora de que Dios lo juzgara?

—Eso sería formidable —me dijo—. Pero usted me dijo que tendría que ser bueno al ciento por ciento, y nadie lo es, ¿no es cierto?

—Exacto. Nadie, menos Jesús.

Entonces le expliqué a Rudy que la Biblia afirma que Jesús era el Hijo de Dios y que solo Él vivió en esta tierra sin pecar. De hecho, Dios lo envió a la tierra para que le pudiera servir de sustituto a Rudy, y pagara el castigo de sus pecados —y los del mundo entero— de una vez por todas.

Volví a sacar mi bloque de notas. Señalé la *x* que había marcado Rudy.

—Rudy, usted tiene una decisión que tomar.

—Muy bien —me dijo.

Yo le señalé su *x*.

*Lo exhorto a creer que lo dicho por Jesús es cierto.*

—Puede seguir creyendo en sus buenas obras, y tener la esperanza de estar en lo cierto con respecto a la *x*. O puede creer en Jesucristo y en que Él murió en su lugar.

*La primera llave*

—Decididamente, escojo lo segundo —me dijo—. Tiene mucho más sentido.

Yo abrí mi Biblia y le leí a Rudy la forma en que Jesús explica la decisión que él tenía ante sí.

*Porque de tal manera amó Dios al mundo, que ha dado a su Hijo unigénito, para que todo aquel que en él cree, no se pierda, mas tenga vida eterna. Porque no envió Dios a su Hijo al mundo para condenar al mundo, sino para que el mundo sea salvo por él.*

Juan 3:16-17

Amigo, tal vez esa misma sea la decisión que usted tiene ante sí.

Si ha estado leyendo este capítulo, y no está seguro de que el cielo es su lugar de destino, lo exhorto a poner su fe en lo dicho por Jesús. Si quiere poner toda su confianza en Él, entonces, ¿por qué no hace la misma oración que Rudy?:

*Amado Dios, estoy arrepentido de mis pecados, y ahora sé que no puedo hacer nada para arreglarlos. Así que acepto la muerte de tu Hijo, el Señor Jesucristo, como pago total por mis pecados, y lo recibo como Salvador. Jesús, voy a comenzar a servirte ahora mismo. En tu nombre, amén.*

Esta es una oración que Dios siempre responde, y le encanta escuchar.

## El cielo como lugar de destino

Si usted acaba de poner toda su confianza en Jesús en cuanto a su salvación, su lugar de destino eterno acaba de cambiar permanentemente del infierno al cielo.

Ahora, usted es una nueva criatura en Jesús (2 Corintios 5:17). Ahora tiene vida eterna (Juan 3:16-17). Ahora es hijo de Dios y heredero de la salvación (Gálatas 4:7).

Y a partir de este momento, no tendrá que contentarse con la esperanza de que sus buenas obras sean suficientes para salvarlo, porque al igual que todos los demás seguidores auténticos de Jesús, comprende lo que significan estos famosos versículos:

*Porque por gracia sois salvos por medio de la fe; y esto no de vosotros, pues es don de Dios; no por obras, para que nadie se gloríe.*

EFESIOS 2:8-9

*La primera llave*

A causa de esta gracia, usted nunca experimentará en la eternidad las consecuencias negativas de sus pecados, porque Jesús cargó con ellos.

En cambio, puede comenzar ahora a responder con todo el corazón, amando a Dios y sirviéndole, sabiendo que va a querer recompensar todo lo que usted haga por Él.

Vea lo que dice el versículo siguiente a los anteriores:

*Porque somos hechura suya, creados en Cristo*
*Jesús para buenas obras, las cuales Dios preparó*
*de antemano para que anduviésemos en ellas.*

v. 10

Amigo mío, usted ha sido creado y salvado para que haga buenas obras.

Y le bastará poner su confianza en Jesucristo, para estar verdaderamente listo por vez primera en su vida, a fin de llevar una vida que Dios recompensa.

# 8

# LLEGAR A VER LA ETERNIDAD

*He aquí yo vengo pronto, y mi galardón conmigo, para recompensar a cada uno según sea su obra.*

JESÚS, EN APOCALIPSIS 22:12

Mañana, cuando suene su despertador, no verá la eternidad por ninguna parte. Se pondrá los lentes y luchará con el cuello de su camisa. Saludará a su familia, se tomará una taza de café o té fuerte, y saldrá a comenzar al día... Así va a tomar la primera decisión de su nueva vida.

*¿Voy a vivir para lo que puedo ver, sabiendo que pronto va a desaparecer, o voy a vivir para la eternidad?*

Este libro le ha tratado de mostrar sin dejar lugar a dudas, lo que Jesús quería que usted supiera para que pudiera tomar la decisión correcta.

Sin embargo, por mucho que mire, no va a hallar pruebas visibles sobre su futuro en el cielo. ¿Por qué? «No mirando nosotros las cosas que se ven —dice Pablo—, sino las que no se ven; pues las cosas que se ven son temporales, pero las que no se ven son eternas» (2 Corintios 4:18).

La tierra será temporal, pero ciertamente, es muy convincente, ¿no es así? Sin fe, nunca podríamos ver, o imaginarnos siquiera nuestro verdadero lugar de destino.

Nunca olvidará la historia que oí en la escuela posgraduada sobre un matrimonio misionero procedente de Gran Bretaña que se había pasado toda la vida sirviendo a Dios en un rincón remoto de la tierra. Comenzó un nuevo siglo. Después de cuarenta años, les escribieron a quienes los apoyaban, para que supieran que iban de regreso a su patria, y tomaron un barco con rumbo a Inglaterra.

Cuando vieron la costa de su patria por vez primera en décadas, el misionero le dijo a su esposa:

> *La tierra será temporal, pero ciertamente, es muy convincente, ¿no es así?*

«Me pregunto si habrá alguien allí para darnos la bienvenida».

Al llegar el barco a la bahía de Plymouth, la anciana pareja se fue a la cubierta superior del trasatlántico, donde permaneció tomada de la mano. Entonces, para su sorpresa y alegría, vieron que había una muchedumbre que llenaba el muelle, señalando hacia ellos y aclamando. Había una banda tocando. Unos hombres sacaron un gran letrero que decía: «¡Bienvenido! ¡Nos sentimos orgullosos de usted!»

El esposo se sintió profundamente conmovido. «¿No es maravilloso?» La esposa rió feliz, y decidieron que era hora de bajar a recoger su equipaje.

Pero mientras salían a la pasarela, con el corazón latiéndoles fuerte de expectación, se quedaron perplejos. La multitud ya se había comenzado a dispersar. Pronto estuvo claro lo que había sucedido. Aquella inmensa bienvenida no era para el misionero y su esposa, sino para un político que volvía después de haber obtenido algún éxito en el extranjero. De hecho, allí no había nadie para recibirlos.

El esposo no pudo ocultar su desilusión. «Después de toda una vida de servicio, esto no tiene nada de bienvenida a la patria».

La esposa lo tomó por el brazo. «Vamos, cariño —le dijo suavemente—. Esto solo es Inglaterra. Aún no hemos llegado a la patria».

## El libro de memoria

¿No le parecería que una de las principales razones por las cuales tantos seguidores de Jesús no están sirviendo a Dios de todo corazón, es porque basamos nuestra esperanza de recompensa en pruebas visibles? No lo admitiremos con frecuencia, pero esperamos unas consecuencias inmediatas para nuestras buenas decisiones. Entonces, si no las vemos, *llegamos a la conclusión de que no deben existir consecuencias eternas.*

Recuerdo varios centenares de obreros cristianos en un retiro celebrado en el medio oeste de los Estados Unidos, que habían estado temporalmente cegados por lo inmediato. Ya en el segundo día que estuvimos juntos, se hizo evidente lo profundo que era su desaliento. Yo les pregunté: «¿Cuántos de ustedes dirían que, aunque aman a Dios, ahora mismo se sienten listos para abandonarlo todo, que viendo lo mucho que ustedes invierten en el ministerio, lo cierto es que no vale la pena?»

Más de la mitad levantaron la mano.

Abrimos juntos nuestras Biblias en la última página del Antiguo Testamento. Allí encontramos a otro grupo de siervos de Dios que querían vivir para Él, pero no estaban viendo beneficio alguno. De hecho, a partir de lo que podían ver, habían llegado a la conclusión de que quienes no se interesaban para nada en la voluntad de Dios parecían más bendecidos que ellos (Malaquías 3:15). He aquí lo que decían:

*Por demás es servir a Dios.*
*¿Qué aprovecha que guardemos su ley?*

v. 14

¿Se pregunta cómo Dios respondería a una queja tan sincera y angustiosa? Las palabras que siguen constituyen uno de los momentos más tiernos de la Biblia. Dios escucha. Comprende que son hombres y mujeres atrapados en el tiempo, donde es fácil perder la perspectiva, y perder la esperanza de que Él les esté prestando atención. La Biblia recoge lo siguiente:

*Y Jehová escuchó y oyó,*
　*y fue escrito libro de memoria*
　　*delante de él*
*para los que temen a Jehová,*
　*y para los que piensan en su nombre.*

v. 16

¿Por qué está escribiendo Dios un libro de memoria? Porque quiere que los suyos estén seguros de que Él sí los observa y sí se interesa en ellos. Y en un momento del futuro, va a revelar su contenido. Siga leyendo:

*Y serán para mí especial tesoro...*
　*Entonces os volveréis, y discerniréis...*
*entre el que sirve a Dios*
　*y el que no le sirve.*

vv. 17-18

¡Qué gran descripción del amor y la equidad de Dios! No importa el aspecto que tengan ahora las cosas, porque en un día futuro, Él va a abrir su libro de memoria, y la verdad acerca de su generosidad, fidelidad y justicia va a ser evidente para todos. Ni un solo acto de servicio en su nombre caerá en el olvido, o quedará sin recompensa.

Cuando los creyentes que llenaban el salón en aquel retiro vieron la verdad, su desaliento desapareció. Algunos derramaron lágrimas al darse cuenta de la baja estima que habían sentido por su Rey. Muchos se consagraron de nuevo con alegría a su servicio. ¿Cómo no habrían de hacerlo, decían, cuando Él había prometido que un día lo enderezaría todo maravillosamente?

Antes de terminar aquella sesión, les mostré algo más de la Biblia, también asombroso, sobre aquel Día. Ahora se lo quiero mostrar a usted.

## El Jesús de la última página

Si usted es padre o madre, tal vez conozca esa sensación de mirar a su hijo con el rostro hacia arriba y darse cuenta de que tiene el poder de hacer realidad el mayor de sus deseos, *y más*.

Así es como se siente Jesús ahora mismo con usted.

Verá. El mensaje que hay al final del Antiguo Testamento se repite al final del Nuevo. Si busca la última página del Apocalipsis, lo podrá leer. Lo va a encontrar en la promesa final de Jesús:

*Ni un solo acto de servicio en su nombre caerá en el olvido.*

*He aquí yo vengo pronto, y mi galardón conmigo, para recompensar a cada uno según sea su obra.*

APOCALIPSIS 22:12

Me sorprende el hecho de que Jesús no diga: «Vengo pronto para establecer mi Reino». Es que la *gente* de su Reino es lo que más le interesa de todo: gente que le ha entregado toda una vida porque ha creído en lo que Él dijo, y ha querido agradarle, y ha decidido ser fiel.

¿Ve ahora a su Dios bajo una luz nueva? Él es un Dios que nota todos sus intentos por servirle, sin importar lo pequeños que sean, y le interesan todos. Lo ve a usted con el rostro vuelto hacia Él, conoce su corazón y le importa su fidelidad.

Él es el que promete recompensarlo... y se siente impaciente por hacerlo.

## Viva hacia su «bien hecho»

Recuerdo aún cuando Darlene Marie y yo decidimos por vez primera creer en la recompensa eterna de Dios y vivir para ese Día. Aquello cambió de forma drástica nuestras acciones y prioridades. Puso un nuevo orden en la forma en que nuestra familia maneja nuestro dinero, tiempo y capacidades. Añadió una urgencia obvia y nueva a nuestra forma de atender nuestros asuntos sin resolver. Nos volvimos más agradecidos, más abrumados por la bondad de Dios.

Y comenzamos a vivir cada día para escuchar el «Bien hecho» del Galardonador.

Desde entonces, hemos conocido a centenares de hombres y mujeres más que, invitados por Jesús, han mirado hacia la eternidad, y se hallan ahora en una difícil misión: vivir para agradar a Dios.

Son negociantes acaudalados que nos han dicho que ellos no eran «propietarios» de nada, ni siquiera de sus zapatos. Son estudiantes que ven en cada nuevo rostro, en cada clase difícil y en cada trabajo denigrante una aventura para Dios. Son madres jóvenes que sirven con entusiasmo a un gran Rey, dándose cuenta de que su trabajo más importante para toda la eternidad puede que sea el de criar a los pequeños que duermen en su habitación, o andan tambaleándose por el pasillo de su casa.

*Nos volvimos más agradecidos, más abrumados por la bondad de Dios.*

Estos exuberantes peregrinos se parecen mucho a las demás personas en la superficie, pero comprenden las posibilidades que encierra un día desde un punto de vista totalmente distinto. Cada día constituye una nueva oportunidad para descubrir que dentro de la actividad común y corriente de ser humano se podría hallar un negocio de dimensiones eternas.

Por supuesto, están viviendo *en* el punto, pero viven *para* la línea. Están transformando las cosas para Dios en las calles de Nueva Delhi, en Manchester, en Lagos y en Biloxi...

Pero ya son ciudadanos del cielo.

## El cambio de dirección

Amigo, yo creo que Dios le está pidiendo que tome una decisión transformadora antes de dejar a un lado este libro. Usted necesita cambiar su ciudadanía de la tierra al cielo.

Cuando Jesús se estaba preparando para dejar a sus discípulos, habló de ese lugar. Escuche sus palabras:

*En la casa de mi Padre muchas moradas hay; si así no fuera, yo os lo hubiera dicho; voy, pues, a preparar lugar para vosotros. Y si me fuere y os preparare lugar, vendré otra vez, y os tomaré a mí mismo, para que donde yo estoy, vosotros también estéis.*

Juan 14:2-3

Piense en todas las formas en que Jesús habría podido describir el cielo. Habría podido hablar de las calles de oro, las legiones de ángeles, los tronos en los que se sentarán los apóstoles...

Pero quiso que sus seguidores supieran que el cielo era en primer lugar, y por encima de todo... *nuestro hogar*.

El apóstol Pablo, aunque se sentía orgulloso de ser judío y ciudadano romano al mismo tiempo, tomó intencionalmente la decisión de pensar en sí mismo como ciudadano del cielo, y no de la tierra (Filipenses 3:20). Lo que ocupaba sus pensamientos, les daba forma a sus valores y disponía el uso de su tiempo era un profundo anhelo por estar en el cielo con su Señor. Las consecuencias de la decisión de Pablo siguen causando un impacto hoy en el mundo para Dios.

Si usted ha oído y comprendido lo que reveló Jesús acerca de una vida que Dios recompensa, y si está listo para hacer que el día de hoy cuente para la eternidad, lo exhorto a unirse conmigo y proclamar su nueva ciudadanía:

*Señor Jesús, he escuchado detenidamente lo que tú dijiste acerca de mi hogar. Te creo, y estoy ansioso por estar allí contigo. Renuncio a mi fidelidad a este mundo visible y pasajero, y te prometo fidelidad a ti, Rey del cielo. A partir de este día, viviré como ciudadano del cielo, que es mi verdadera patria. Como fiel administrador tuyo, tomaré todo don, oportunidad y recurso que tú me pongas en las manos y lo multiplicaré grandemente para ti. Y espero con ansias ese día de la eternidad en el que voy a comparecer ante tu presencia, para recibir tu recompensa y adorarte para siempre.*

## El regreso al hogar

Imagínese su regreso al hogar; el momento en que toda la eternidad, y todos los ángeles y santos hagan una pausa para recibirlo. El cielo se callará mientras usted comparece ante su Salvador para oírlo decir: «¡Bien, siervo bueno y fiel!» Y entonces, todo el cielo estallará de regocijo para darle la bienvenida y celebrar mientras usted acepta la corona incorruptible que Jesús le tiene reservada.

*El cielo estallará de regocijo para darle la bienvenida y celebrar.*

Va a ser su momento exclusivo para bendecir el corazón de Dios. En ese día demostrará que supo valorar la muerte de Jesús por usted, y le entregará su corazón y su vida a cambio.

Dios quiere que ese día, cuando las cosas invisibles y eternas se hagan visibles, sea el día más maravilloso de su vida.

Este libro es un regalo que le hago para ese día, lleno de gran expectación.

# Los líderes cristianos y las recompensas eternas

Justino Mártir — *Aunque solo persuadamos a unos pocos, obtendremos grandes recompensas, porque, como buenos obreros, recibiremos la recompensa del Amo.*

Martín Lutero — *Ahora bien, cuando Cristo dice: haceos amigos, haceos tesoros, y cosas semejantes, veis lo que significa: haced el bien, y sin que lo busquéis, por sí mismo seguirá que tendréis amigos, hallaréis tesoros en el cielo y recibiréis una recompensa.*

Juan Wesley — *Dios recompensará a cada cual según sus obras. Pero esto está muy de acuerdo con el hecho de que Él distribuya ventajas y oportunidades para mejorar, según le plazca.*

Agustín — *Por tanto, debemos buscar del Señor Dios solamente cuanto esperemos hacer bien, o esperemos obtener como recompensa por nuestras buenas obras.*

R. C. Sproul — *Hay niveles de recompensa que nos son dados en el cielo. Me sorprende que esta respuesta sorprenda a tanta gente. Creo que hay una razón por la que los cristianos se asombran cuando yo digo que hay diversos niveles en el cielo, y también diversos grados de gravedad en el castigo del infierno.*

Juan Calvino — *No hay nada más claro que el hecho de que hay una recompensa prometida por las buenas obras, con el fin de apoyar la debilidad de nuestra carne por medio de cierto consuelo, pero no para hincharnos la mente con vanagloria.*

Theodore H. Epp — *La razón de ser primordial del Tribunal de Cristo es examinar la vida y el servicio de los* creyentes, y recompensarlos por lo que Dios considere digno de reconocimiento.

Charles R. Swindoll — *Una de las grandes doctrinas del cristianismo es nuestra firme creencia en un hogar celestial. En última instancia, vamos a pasar la eternidad con Dios en el lugar que Él nos ha preparado. Y su promesa de recompensar a sus siervos por un trabajo bien hecho forma parte de esta emocionante espera. No conozco a muchos de los que creen en Jesucristo que nunca piensen en llegar a estar con su Señor en el cielo, recibir su sonrisa de aceptación y oír su «Bien, buen siervo y fiel». Hasta nos referimos a veces a nuestros difuntos de esta forma: «Se ha ido a su hogar celestial para recibir su recompensa».*

Jonathan Edwards — *En la casa de Dios hay muchas moradas, porque el cielo está pensado para albergar diversos grados de honra y bienaventuranza. Hay quienes han sido destacados para sentarse allí en lugares más altos que otros; hay quienes han sido destacados para estar avanzados en grados más altos de honra y gloria que otros; por tanto, hay diversas moradas, y hay moradas y asientos en el cielo que son más honorables que otros. Aunque todos son asientos de una honra y una bienaventuranza inmensas, hay unos que lo son más que otros.*

Charles H. Spurgeon — *Busque el secreto para sus buenas obras. No vea ni siquiera su propia virtud. Esconda de sí mismo aquello que usted mismo haya hecho y que sea elogiable, porque la orgullosa contemplación de su propia generosidad puede manchar todas sus limosnas. Mantenga las cosas tan en secreto, que usted mismo apenas se halle consciente de haber hecho algo digno de elogio. Deje que Dios esté presente, y con Él como público le bastará. Él lo recompensará, lo recompensará «en público»; lo recompensará como un Padre recompensa a su hijo, lo recompensará como alguien que presenció lo que usted hizo, y supo que lo hacía totalmente para Él.*

JOHN MACARTHUR JR. — *En el cielo van a existir diversos grados de recompensa. Esto no nos debería sorprender: Incluso aquí en la tierra hay diversos grados de capacidad personal.*

ORÍGENES — *Pero si quedó escrito que mi Jesús fue recibido en la gloria, percibo en este acto un arreglo divino; esto es, puesto que Dios, quien hizo que esto sucediera, elogia de esta forma al Maestro ante aquellos que lo presenciaron, con el fin de que, como hombres que no están luchando por doctrina humana, sino por enseñanza divina, se entreguen tanto como les sea posible al Dios que está sobre todo, y hagan todas las cosas para agradarle, como quienes van a recibir en el juicio divino la recompensa del bien o el mal que ellos hayan hecho en esta vida.*

CHARLES R. SWINDOLL — *Él está esperando para recibirnos. A los que sirvan, a los que estén donde Jesucristo estuvo una vez hace muchos, muchos años, les promete una recompensa. Y podemos estar seguros de que va a cumplir su promesa.*

JUAN WESLEY — *De aquellos que habían terminado felizmente su carrera, se describen después estas multitudes, y grados más altos aun de gloria que alcanzan después de una fuerte lucha y una magnífica victoria, Apocalipsis 14:1; 15:2; 19:1; 20:4. Hay una inmensa variedad en los grados de recompensa en el otro mundo. Que ningún perezoso diga: «Con que llegue al cielo me contento». El que piense así, se podría quedar sin el cielo por completo. En las cosas del mundo, los hombres tienen la ambición de llegar tan alto como puedan. Los cristianos tienen una ambición mucho más noble. La diferencia entre la posición más alta y la más humilde del mundo no es nada, comparada con la más pequeña diferencia entre los diversos grados de gloria.*

CLEMENTE DE ALEJANDRÍA — *Y saben que, de todas las verdades, esta es la más cierta: que los buenos y piadosos obtendrán la buena recompensa en la misma medida en que tuvieron en alta estima la bondad, mientras que, por otra parte, los malvados recibirán un castigo adecuado.*

DWIGHT L. MOODY — *Si somos de Cristo, estamos aquí para brillar por Él: al final de nuestra vida, Él nos llamará al hogar para que recibamos nuestra recompensa.*

JUAN CALVINO — *Al contrario, cuando vemos a los justos metidos en aflicción por los impíos, asaltados con insultos, abrumados con calumnias y lacerados con insultos y desprecios, mientras por otra parte, los malvados florecen, prosperan, adquieren comodidades y honores, y todo esto impunemente, debemos deducir de inmediato que habrá una vida futura, en la cual la iniquidad recibirá su castigo, y la justicia su recompensa.*

R. C. SPROUL — *San Agustín dijo que solo se debe a la gracia de Dios el que hagamos algo que se aproxime al menos a ser una buena obra, y que ninguna de nuestras obras es lo suficientemente buena para exigirle a Dios que la recompense. El hecho de que Dios haya decidido conceder recompensas a partir de la obediencia o la desobediencia, es lo que Agustín llamaba la coronación que hace Dios de sus propias obras en nuestro interior. Si alguien ha sido fiel en muchas cosas a lo largo de muchos años, entonces será reconocido por su Amo,* quien le dirá: «Bien, siervo bueno y fiel». El que entre en el último minuto tiene muy pocas buenas obras por las cuales pueda esperar una recompensa.

Theodore H. Epp — Dios está ansioso por recompensarnos, y hace todo lo posible por ayudarnos a acumular las recompensas. Pero si somos tan perezosos y carnales, que servir para nosotros no significa nada, entonces seremos salvos, pero como por el fuego. Por la gracia de Dios, tomemos la decisión de no llegar con las manos vacías cuando comparezcamos ante el bema, el Tribunal de Cristo.

Martín Lutero — Por tanto, el que hace buenas obras y se guarda del pecado, será recompensado por Dios.

C. S. Lewis — Si en la mayoría de las mentes modernas existe la idea de que desear nuestro propio bien y esperar ansiosamente su disfrute es algo malo, yo sostengo que esta idea se nos ha deslizado desde Kant y los estoicos, y no forma parte de la fe cristiana. De hecho, si tenemos en cuenta las promesas abiertas de recompensa y la asombrosa naturaleza de esas recompensas prometidas en los evangelios, tal parecería que el Señor considera que nuestros deseos no son demasiado fuertes, sino demasiado débiles.

Juan Wesley — Porque un hombre no le puede ser de provecho a Dios. Feliz el que se juzgue a sí mismo como siervo inútil; infeliz aquél a quien Dios declare como tal. Pero aunque le seamos inútiles, el que le sirvamos no nos es inútil a nosotros, porque a Él le agrada darles por su gracia un valor a nuestras buenas obras, las cuales, como consecuencia de sus promesas, nos dan derecho a una recompensa eterna.

Juan Calvino — De esta forma, Pablo exhorta a los siervos a hacer con fidelidad aquello que constituye su deber, y *esperar recompensa del Señor, pero añade las palabras «de la herencia» (Colosenses 3:24).*

R. C. SPROUL — *Yo diría que hay por lo menos veinticinco ocasiones en las cuales el Nuevo Testamento enseña con toda claridad que seremos recompensados de acuerdo con nuestras obras. Jesús presenta con frecuencia el tema de la recompensa, como la zanahoria frente al caballo: «grande será vuestra recompensa en los cielos» si hacéis esto o aquello. Se nos llama a trabajar, a almacenarnos tesoros en el cielo, así como los malvados, como nos dice Pablo en Romanos, «atesoran para sí mismos ira, para el día de la ira».*

CHARLES R. SWINDOLL — *Además de estos beneficios temporales relacionados con nuestro servicio, también hay recompensas eternas. Cristo mismo, mientras preparaba a los Doce para una vida al servicio de los demás, prometió una recompensa eterna, hasta por dar un vaso de agua fría.*

BILLY GRAHAM — *El creyente tiene su fundamento en Jesucristo. Ahora debemos edificar sobre ese fundamento, y la obra que hemos hecho debe pasar por la prueba decisiva; los exámenes finales se producen en el Tribunal de Cristo, donde recibiremos nuestra recompensa.*

CHARLES STANLEY — *El Reino de Dios no va a ser el mismo para todos los creyentes. Lo voy a decir de otra forma. Algunos creyentes tendrán recompensa por su fidelidad en la tierra; otros no. Algunos reinarán con Cristo; otros no (vea 2 Timoteo 2:12). Algunos serán ricos en el reino de Dios; otros serán pobres (vea Lucas 12:21, 33). Algunos recibirán verdaderas riquezas; otros no (vea Lucas 16:11). Algunos recibirán tesoros celestiales propios; otros no (vea Lucas 16:12).*

# Notas

## Capítulo 2

Randy Alcorn usa la ilustración del punto y la línea en su libro *The Treasure Principle* (Sisters, Ore.: Multnomah Publishers, 2001).

### Fuentes con información para líderes cristianos acerca de las recompensas eternas

Citas de R. C. Sproul tomadas de *Now, That's a Good Question!*, por R. C. Sproul © 1996. Usadas con permiso de Tyndale House Publishers, Inc. Reservados todos los derechos.

Citas de John MacArthur Jr. Tomadas de «*Bible Questions and Answers*», GC 70-13, 1992, casette. Fuente: www.biblebb.com/files/macqa/70-13-5.htm. Usadas con autorización.

Citas de Theodore H. Epp tomadas de *Present Labor and Future Rewards*, de Theodore H. Epp (Lincoln, Neb.: Back to the Bible, 1960), 78, 86. Usadas con autorización.

Cita de C. S. Lewis tomada de *The Weight of Glory*, por C. S. Lewis, derechos de autor © C. S. Lewis Pte. Ltd. 1949. Extracto reimpreso con autorización.

Cita de Charles Stanley reimpresa con autorización de Thomas Nelson Publishers, y tomada del libro *Eternal Security* © 1990 por Charles Stanley.

Citas de Charles R. Swindoll tomadas de *Improving Your Serve*, por Charles R. Swindoll © 1981, W. Publishing Group, Nashville, Tennessee. Reservados todos los derechos.

Cita de Billy Graham tomada de *Facing Death and the Life After*, por Billy Graham © 1987, W. Publishing Group, Nashville, Tennessee. Reservados todos los derechos.